普通高等
教育教材

U0623468

课程思政
案例精选

环境分册

万永坤　叶长兵　娄灯吉　编著

化学工业出版社
·北京·

内容简介

《课程思政案例精选 环境分册》为"课程思政案例精选"的一个分册。本套图书秉承"讲好科学故事,弘扬科学家精神"理念,旨在为广大教育工作者提供丰富而生动的教学素材,以促进学科知识与思政教育的有机融合,培养既有扎实专业素养,又具备高尚道德品质和强烈社会责任感的新一代人才。本分册主要包括环境类案例 19 个,每个案例都包含了案例故事和课程思政分析两大部分。

本书可供高等学校环境类相关专业教师教学参考,也可作为学生入学教育、通识课程教材,还可作为青少年科普读物。

图书在版编目(CIP)数据

课程思政案例精选. 环境分册 / 万永坤,叶长兵,娄灯吉编著. -- 北京 : 化学工业出版社,2025. 8. (普通高等教育教材). -- ISBN 978-7-122-48365-2

Ⅰ. G641; X

中国国家版本馆 CIP 数据核字第 2025GF0137 号

责任编辑:丁建华
文字编辑:刘 莎 师明远
责任校对:李 爽
装帧设计:刘丽华

出版发行:化学工业出版社
　　　　　(北京市东城区青年湖南街 13 号 邮政编码 100011)
印　　装:北京天宇星印刷厂
787mm×1092mm　1/16　印张 8¾　字数 170 千字
2025 年 8 月北京第 1 版第 1 次印刷

购书咨询:010-64518888
售后服务:010-64518899
网　　址:http://www.cip.com.cn
凡购买本书,如有缺损质量问题,本社销售中心负责调换。

定　　价:49.00 元

编 委 会

主　任：万永坤　　叶长兵　　娄灯吉

编　委：曾艳萍　　李艳萍　　石贵明

前言

—— 探索科学与人文的水乳交融

在科学技术飞速发展的当今时代，化学、环境与生物等学科领域的研究不断取得突破，为人类应对诸多全球性挑战提供了有力的支撑。然而，科学知识的传授不应仅仅局限于技术和理论层面，更应关注其背后所蕴含的人文价值、社会责任以及道德伦理考量。正因如此，课程思政在化学、环境与生物类专业教育中的有机融入显得尤为重要。

本套案例精选的编纂秉承"讲好科学故事，弘扬科学家精神"理念，旨在为广大教育工作者提供丰富而生动的教学素材，以促进学科知识与思政教育的有机融合，培养既有扎实专业素养，又具备高尚道德品质和强烈社会责任感的新一代人才。

化学作为一门研究物质的组成、结构、性质及变化规律的学科，其发展深刻地影响着人类的生活。从新材料的研发到药物的合成，从能源的利用到环境保护，化学无处不在。然而，化学的应用也带来了一些挑战，比如化学品的安全使用、环境污染等问题。在化学类专业课程中融入思政元素能够引导学生正确看待化学的两面性，培养他们的科学精神和创新意识，同时也能让他们意识到科学家在推动社会发展的过程中所肩负的责任。例如，在讲解化学反应原理时，可以引入工业生产中的节能减排案例，让学生了解如何通过优化反应条件，提高能源利用率，减少废弃物排放，从而实现可持续发展。这不仅能让学生掌握专业知识，还能培养他们的环保意识和社会责任感。又如，在介绍化学实验方法时，强调实验数据的真实性和准确性，可以培养学生严谨的治学态度和诚实守信的品质。

环境科学是研究人类与环境相互关系的学科，其目标是寻求人类社会与自然环境的和谐共生。当前，全球面临着气候变化、生物多样性丧失、环境污染等严峻的环境问题，这些问题不仅威胁着人类的生存与发展，也考验着人类的智慧和担当。在环境科学类专业课程中融入思政元素可以让学生深刻认识到环境问题的紧迫性和复杂性，激发他们为保护环境贡献力量的决心。例如，通过讲述一些环境污染事件，比如日本水俣病事件、英国伦敦烟雾事件等，让学生了解环境污染对人类健康和生态系统造成的巨大危害，从而增强他们的环保意识和法治观念。同时还可以引导学生关注环境政策的制定和执行，培养他们的公共参与意识和社会责任感。

生物学是研究生命现象和生命活动规律的学科，它为人类认识自身、理解生命奥秘、解决健康问题等提供了重要的理论基础。在生物类专业课程中融入思政元素能够让学生更好地理解生命的意义和价值，培养他们尊重生命、关爱自然的情怀。比如，在讲解生物进化理论时可以引导学生思考生命的多样性和适应性，让他们认识到生物与环境相互依存、相互影响的关系，从而树立人与自然和谐相处的理念；在介绍生物技术的应用时可以探讨基因编辑、克隆技术等带来的伦理问题，培养学生的伦理意识和道德判断能力。

作为玉溪师范学院的一个二级学院，化学生物与环境学院为贯彻落实立德树人的根本任务，在全校率先制定并出台《化学生物与环境学院课程思政实施细则》（玉师院化生环〔2021〕14号），明确党委书记和院长为第一责任人，党建引领推动、保驾护航，把立德树人成效作为检验学院一切工作的根本标准；遵循"全员育人、全过程育人、全方位育人、全课程育人"理念（即"四全育人"理念），大力实施德融课堂，落实、推进课程思政建设与党支部建设同步、与学科专业建设同步、与思政课程同步的"三同步"机制，构建全面覆盖、类型丰富、层次递进、相互支撑的"1+1+X"理工农学类专业课程思政体系；聚焦"讲好科学故事，弘扬科学家精神"，推进课程思政进科研、进课堂、进教材、进实践、进头脑，锚定培养学生爱国、敬业、诚信、友善的个人品质，促进学生的全面发展、成长成才，产出了一批标志性成果，取得了显著的育人成效，积累了一些可推广的经验和做法。

这套课程思政案例精选中的每一个案例故事都是地方高校教育工作者们精心挑选和设计的成果。它们从不同的角度展现了化学、环境与生物类专业课程和思政教育的融合方式，具有较强的针对性和可操作性。我们希望这些案例能够为广大教师提供有益的参考和启示，让他们在教学过程中能够更加自然、有效地将思政教育融入专业课程，实现知识传授与价值引领的有机统一。同时，我们也希望学生们能够通过阅读这些案例感受到科学魅力和人文关怀，树立正确的世界观、人生观和价值观，在追求科学真理的道路上始终保持对人类社会和自然环境的敬畏之心，以所学知识为社会发展和进步贡献自己的力量。

课程思政是一项长期而系统的工程，需要教育工作者们不断探索和创新。我们相信，随着课程思政理念的持续深入和实践的不断推进，化学、环境与生物类专业教育将焕发出新的活力，培养出更多德才兼备的优秀人才，为解决人类面临的重大挑战、实现可持续发展目标做出更大的贡献。让我们共同翻开这套案例精选，开启一段充满探索与思考的高等教育之旅，在科学与人文的交融中培育出更加绚烂的智慧之花！

在本套案例精选得以问世之时，谨向化学、环境与生物类专业课程思政教育教学领域的同仁们致以深深的谢意。感谢你们的不懈探索，正是你们的努力、创新和无私分享为我们提供了丰富的思路和宝贵的经验，激发了我们对课程思政更深层次的思考，拓展了教育教学的视野。我们深知，在推动课程思政教育教学发展的道路上离不开每一位同仁的智慧与付出。愿我们继续携手共进，为培养更多具有高尚品德和扎实专业素养的人才贡献力量！

编著者

2025 年 3 月于云南玉溪

目录

中国生态思想及其实践

　　中华传统文化中蕴含着丰富的生态文明思想智慧元素，在古代典籍中记载了大量的环境保护思想和言论。它们的文化表现形态相异，思想内涵也各有特色，却有着共同的价值追求——立足现实的社会和人生，始终关注社会与自然的和谐。中国古代生态思想既是当代生态文明建设的重要文化资源，深刻影响着现代中国人衣食住行、为人处世的方方面面，也为当代生态文明建设提供了借鉴和启迪。

一、道家思想中的生态智慧

1. 天人合一

　　"天人合一"为中国古代哲学思想，儒、道、释等诸家各有阐述。道家的天人合一论与儒家的天人合一论基本相近，不同之处在于，儒家论天人合一，主要是想从自然法则中找到根据；而道家讲天人合一，强调人是自然的一部分，十分重视人对环境的依赖关系，寻求重新归于自然，主要是从人与自然的关系中探究生命奥秘，以期在最高的层次上复归于自然。

2. 顺物自然

　　"顺物自然"出自战国时期《庄子》中的"顺物自然而无容私焉"，意思是顺从客观规律，不要挖空心思运用智术。顺物自然蕴含着丰富而深刻的古代生态智慧，启示我们在适应自然、改造自然的过程中要顺应事物的客观规律，追寻事物的本质。从环境保护的角度来讲，顺物自然就是要让事物保持原来的样子，尽量减少人为干扰，继而减少对人类身体健康造成的危害，减少对自然环境的污染。

3. 德及微命

　　"德及微命"是指要以仁爱之心善待生命，因为所有的生命都是平等的。道家普遍以拯救万物生命为己任，留下了许多动人的故事。这一道家思想对当代人的启示是要从细微处、小细节着手，身体力行地去保护我们赖以生存的地球，不仅要保护自然环境，更要从人与生物、生物与环境的角度揭示维护生态平衡的重要性。

4. 因时制宜

"因时制宜"出自西汉刘安《淮南子·氾论训》，是指根据不同时期的具体情况采用适当的措施。只有因时制宜、遵从农时才能保证农业丰收，为国家积累财富，因此为保证农业生产的长效发展，不仅要重视农业，更要重视农时。农业生产只有遵循农时才能保证农业生态系统稳定，使农作物产量持续增加，从而保障农业的收成，使百姓富足。

二、儒家思想中的生态智慧

1. 钓而不纲

孔子思想以仁爱为基础，不仅强调人与人、人与社会之间要和谐相处，还强调人与自然万物要和谐共存。《论语·述而》记载："子钓而不纲，弋不射宿。"其中"钓而不纲"是说孔子只用一钩一竿钓鱼，从来不用绳网捕鱼，因为使用绳网会把水中的鱼不分大小一网打尽；"弋不射宿"是说孔子虽然也射鸟，但从来不射栖宿巢中的鸟。孔子把儒家的仁爱思想由爱人推广至爱动物，以仁爱之心对待动植物，倡导人类要减少对大自然的过度索取。以前过度捕捞导致长江生态问题凸显，禁渔十年就是为了恢复长江流域的生态平衡。这也是儒家思想在当今环境政策中的体现。

2. 民胞物与

"民胞物与"的意思是民为同胞、物为同类，泛指爱人和一切生物，出自北宋张载的《西铭》，这体现出儒家"万物一体""天人合一"的思想。在张载看来，所有的人与物都是平等的，也都应该共享应有的公平。因此，要以仁爱的德行对待宇宙间的万物，要将万物视为同类，秉持人和自然共生的理念，而不应为了人类自身的生存无限度地利用自然、征服自然。这不仅符合当今中国可持续发展的生态观，也与我国所倡导的人类命运共同体理念不谋而合。

3. 强本节用

"强本节用"出自战国时期《荀子·天论》："强本而节用，则天不能贫。"荀子在确立了天人关系中人主体性的同时，非常注重"强本节用"，这里"强本"是指务农，发展农业生产，"节用"是指节约物质消费。这句话的意思是加强农业这个根本而节约消费，那么天就不能使他贫穷。强本节用给我们的启示是：在不违背自然规律的前提下要利用自然大力发展生产，但是由于自然资源并不是取之不尽、用之不竭的，因此对自然资源应当开发与节用并举，从而协调好自然保护和人类发展的关系。

4. 以时禁发

"以时禁发"出自战国时期《荀子·王制》："修火宪，养山林薮泽草木、鱼鳖、百索，以时禁发，使国家足用，而财物不屈，虞师之事也。"意思是制定禁止焚烧山林的法令，养护山林和湖泊中的草木、鱼鳖，对于人们的各种求索根据时节来禁止与开放，使国家有足够的物资而不匮乏，这是虞师的职事。这种提法虽是为了财物富余以满足百姓生活需要，但其有开有禁保证资源可持续利用的具体措施有利于保护环境，有利于维护大自然的生态平衡。这与秦国政策"四时之禁"有异曲同工之妙。我国现在处于高质量发展时期，个别部门和个人由于急于求成对环境造成了不可估量的损失。我们一定要学习荀子"以时禁发"的思想，合理利用自然资源，从而实现可持续发展。

三、我国古代生态保护制度

1. 虞衡制度

虞衡是我国古代掌管山林川泽的政府机构的泛称，其职责主要是保护山林川泽等自然资源，制定相关方面的政策法令，由虞衡官执行这种政策法令。其设置由少府到衡司再到工部，表明古代当政者对环境保护重要性的认识已上升到了新的高度，并开始从系统性的角度来考虑和管理自然资源与生态环境的保护问题。虞衡制度及其机构基本由周朝延续至清代，可以说这是中国古代对世界自然资源管理做出的制度性贡献。

2. 战国时期《田律》

《田律》是战国晚期秦国最为强盛和统一天下之时，由秦国或秦朝官方发布的有关农业政策和生态环境保护的律令，反映了距今 2200 年前当时世界上最为强大国家的"以农为本"和严格保护生态资源的治国思路。《田律》简文共六条，其内容有限令及时汇报雨量及旱涝风虫灾害，保护林木及幼龄鸟兽鱼鳖，缴纳饲草、禾稿（连茎带穗的谷类收获物）数量及手续，发放驾车马牛饲料粮食以及禁止百姓卖酒等。当今中国仍然是农业大国，同样面临着各种环境问题，《田律》中的保护幼龄鸟兽、不乱焚草木等思想仍需广为应用。

3. 秦国"四时之禁"

秦国丞相吕不韦主持编撰的《吕氏春秋》中明确提出了"四时之禁"，即要按春、夏、秋、冬四季颁布渔猎禁令，以利于野生动植物的生长繁殖。"四时之禁"一方面是当时为了保证农事大忙之时拥有充足的劳动力，另一方面强调伐木、烧草、捕猎等林事活动必须严格遵守时节，在动植物滋生发育之时不可摧残伤害，以致影响繁殖。"四时之禁"的实施举措在古代森林保护方面也起到了非常重要的作用，这与当今社会为了保护林业发展采取封山育林措施的生态理念是一致的。如果不遵守"四时之禁"肆意破坏环境，必将给人类带来恶果。

4. 宋代"禁采捕诏"

据《宋大诏令集》记载，宋太祖建隆二年（公元 961 年）二月颁布法令"禁采捕诏"，禁止在鸟兽鱼虫的繁殖、生长期采捕，要求明确，最大的特色是它的延续性，其内容要长期执行，每年相关部门都要重申和严格执行。宋太宗太平兴国三年（公元 978 年）四月又颁布了"二月至九月禁捕诏"，其中不仅规定从二月到九月禁止捕猎，更要求基层官员主动抓捕违禁者并将诏令张贴在墙上扩大宣传，使百姓自觉保护野生动物。这条法令一直延续了 200 多年。宋代"禁采捕诏"很大程度上避免了人们对野生动物的过度捕猎，保证了野生动物的正常生存，使得生物资源可以得到更加合理的利用，这与秦国"四时之禁"极为相像。当代生态政策的实施和调整也可以借鉴宋代关于野生动物保护的法令，以期实现可持续发展。

四、我国古代生态保护实践

1. 都江堰工程

战国时期，秦国蜀郡太守李冰和其儿子吸取前人治水经验修建了著名的都江堰水利工程。历经 2270 多年而不衰的世界文化遗产都江堰凝聚了中国古代劳动人民的智慧，其工程设计精巧、布局合理，成功解决了鱼嘴分水、飞沙堰泄洪排沙、宝瓶口引水等许多复杂的水利工程问题，既控制了岷江水患又使水资源得到充分利用。加上"深淘滩，低作堰"的岁修"三字经"，其简便、高效的维护管理手法使得都江堰至今仍能继续发挥作用。

都江堰的修筑及运行管理都遵循着自然运行的生态法则，都是本着人与自然长期可持续发展的原则进行的，是人与自然签订的一个长期契约。从当代生态学原理角度体会隐含在伟大水利工程中的生态智慧，可以发现生态学思想体现在工程建设和管理的方方面面。在朴素生态学思想指导下建造的灌溉成都平原的都江堰、连通两江的广西灵渠、沟通南北的京杭运河等古代水利工程经历了两千多年的扩建与经营，迄今仍有灌溉、水运、调洪济水之利，都蕴藏着"人法地，地法天，天法道，道法自然"的生态智慧，可以说是中国古代文明的创造性精神表征，其所代表的"契合自然"生态智慧值得当前管理者、学术界和工程界反省和深思。我们应该学习古代先哲的生态智慧，实现自然资源的永续利用和工程的永久可持续，携手共创新的生态智慧时代。

2. 世界上最早"自然保护区"

汉唐时期，自然资源和生态环境保护方面的理论和实践已发展到较高水平，统治阶级十分重视国土合理开发利用与环境整治问题。尤其是在唐代，山林川泽、苑、打猎、城市绿化、污水排放、郊祠神坛、五岳名山等都纳入政府管理的职责范围，《唐律》详细、具体地规定了保护自然环境和生活环境的措施及对违反者的处罚标准。据《旧唐书》记载，当时政府还把京兆、河南两都四郊三百里划为禁伐区或禁猎区，通过设置"自然保护区"方式来保护自然资源与生态环境。经济、文化的繁荣与发展不仅使唐朝成为中国古代封建经济空前繁荣的朝代，而且也使中国成为当时闻名于世的大国。毋庸置疑，唐朝生态文明思想与环境保护措施在其中所起作用也不容忽视。

3. 蓄养地力"绿色"耕种法

不仅学者们强调"取之有度""用而不匮",农民们更是深知自然资源的有限性,在生产中进行了很多与今天可持续发展观点相契合的"绿色"实践。

中国农业以精耕细作闻名世界。可过度开垦很容易耗尽地力,为此古人发明了一些既能蓄养地力又能增产增收的"绿色"耕种方法。上古时期,人们把耕地分成三部分,一部分休耕、其他两部分耕种,这样三块土地每年轮流耕作、轮流休耕,十分有利于地力的恢复。另外还有一种轮作制度,即在同一土地上每年按次序轮流种植一定的作物,以此调剂恢复地力。汉武帝时期主管农业的赵过发明了"代田法",即在每亩地上挖三条沟,每条沟旁各有一条垄。作物种在沟中,垄和沟每年互换位置,今年的垄变为明年的沟,今年的沟变为明年的垄,这样能够保持地力不致衰竭,而又每年都可利用,不必整块土地休耕。南北朝时期,农民开始将粮、豆、瓜、菜等作物进行套种、间种、连作和轮作以提高农业生产效率;时人还发明了把豆科作物当作绿肥进行轮作以翻压肥田的方法,《齐民要术》称之为"美田之法"。此后历代农民都广泛采用绿肥种植技术,明清时期将 10 多种绿肥与粮棉进行间作或套种。

4. "桑基鱼塘"生态模式

浙江湖州传统"桑基鱼塘"模式被国际粮农组织确认为最好的生态模式。"桑基鱼塘"这一模式是集多种循环类型于一体的、完整的生态系统,其特点是农民利用生物互生互养的原理建立起鱼塘和桑地有机结合的生态系统。

"桑基鱼塘"生态系统的主要优点是桑茂、蚕壮、鱼肥大、塘肥、基好、蚕茧多,这充分表明"桑基鱼塘"循环性生产的相互关系。"桑基鱼塘"系统是一种具有独特创造性的洼地利用方式和生态循环经济模式,其最独特的生态价值是实现了对生态环境的零污染。这种复合人工生态结构的实践在当今世界已成为一种公认的低耗、高效农业生态系统。

5. "顺时取物"生产实践

《荀子·王制》记载"草木荣华滋硕之时,则斧斤不入山林,不夭其生,不绝其长也……春耕、夏耘、秋收、冬藏四者不失时,故五谷不绝,而百姓有余食也。洿池、渊沼、川泽谨其时禁,故鱼鳖尤多,而百姓有余用也。"这项被荀子称为"圣王之制"的就是"顺时取物"农耕政策,体现了对自然时令的尊重和合理利用。这些制度对渔猎砍伐、播种收获时间都提出了明确要求,不捕幼崽、不杀胎卵、不覆巢穴这些做法完全是"知止""知足"的合理利用与开发方式,是可持续发展的生产方式。《淮南子·主术训》记载不仅要"教民养育六畜,以时种树务修田畴,滋植桑麻",而且还要"肥硗高下,各因其宜",意思是要根据不同地形、地势灵活地改变耕种方式和种类,是在因时制宜的耕作基础上提出的因地制宜原则。这是我国古代人民在长期生产实践中的伟大创造,在占有较少自然资源条件下获得了较大收益,可以视为最早的自然循环有机生产模式。

我国古代生态智慧作为处理人与自然关系的正确原则对于我国生态资源的保护

起到了积极作用。比如,战国时期,我国农历就已确立了二十四节气,反映了作物、昆虫等生物现象和气候之间的关系。面对当代凸显的生态环境问题,我们不仅要汲取古代生态智慧的精华,更要实现现代性的转换。在中华民族的历史长河里,保护生态环境的思想从未缺席,我们有充足的理由相信,在先进的生态理念引领下,在中国人民的共同努力下,我们的生态环境会越来越好。我国在生态保护和环境治理方面已经取得了诸多成就。

拓展链接

1. "生物圈二号"实验

假设我们可以提供水环境、大气环境、土壤环境等各项监测技术,我们也了解生态系统的各个组成部分,这是否就意味着我们可完整地理解并掌控某一个生态系统?如何来验证我们对生态系统的认识是正确而全面的?为此科学家们模拟人类生存的地球即"生物圈一号",构建了一个人类离开地球之后可以继续生存的生态系统"生物圈二号",如果人类对生物圈的理解完全正确,那么这个生物圈可以一直稳定存在。事实上,美国从1984年起花费了近2亿美元在亚利桑那州建造了一个几乎完全密闭的"生物圈二号"实验基地。1993年1月,8名科学家进入"生物圈二号"。按照计划,他们将在里面待上两年,不发生严重意外的话是不能提前出来的。要求两年中除了提供第一批包括种子在内的物品外,其余的一切都需要他们自己解决。能源取自太阳,氧气由他们种植的植物产生,粮食靠他们自己在里面播种获得,肉类取自他们养的鸡、鸭、猪、羊,里面的气候也是由他们来设法控制,并尽可能模拟地球气候。总之,他们要设法保证这个小小的生态系统的平衡以维持自己的生存。结果一年多后,土壤中的碳与氧气反应生成二氧化碳,而部分二氧化碳与建筑"生物圈二号"所用的混凝土中的钙发生反应生成碳酸钙,导致"生物圈二号"的氧气含量从21%下降到14%。由于没有调节好内部气候,粮食歉收,科学家们不得不吃种子勉强度日,最终不得不提前撤出实验室。更令人意外的是,"生物圈二号"运行三年后,其中的一氧化碳含量猛增到79%,达到了足以使人体合成维生素 B_{12} 的能力减弱、危害大脑健康的水平。1996年1月1日,哥伦比亚大学接管了"生物圈二号"。同年9月,由数名科学家组成的委员会对实验进行了总结,他们的结论是:在现有的技术条件下,人类还无法模拟出一个类似地球的、可供人类生存的生态环境。

2. 古巴比伦的消逝

环境问题是随着经济和社会的发展而出现的,人类的不可持续发展方式导致了环境的严重恶化,反过来环境恶化也会影响社会发展。古巴比伦文明产生于两河流域(即流经伊拉克的底格里斯河和幼发拉底河)。这里曾经是森林茂密、水草丰盛的冲积平原,孕育了璀璨夺目的古巴比伦文明。可是随着文明发展和人口增长,人类砍伐大量树木来构筑房屋，开垦大量草地来增加耕地，战争的烧杀抢掠也使周围的自然环境受到了严重破坏，使得自然资源枯竭、环境恶化，环境质量不断下降，最终森林消失、土壤贫瘠、气候恶劣，优美的风光被荒漠所取代，一个创造了无数史诗的古国最后变成了一堆废墟。古巴比伦消逝的根本原因就是环境恶化，环境恶化在农耕社会是致命打击。

五、我国现代生态建设实践案例

1. 延安生态修复奇迹

正确认识人对自然的依存关系，即人与自然、人与社会的辩证关系是人类社会永恒的主题。物质资料的生产和再生产以及人自身的生产和再生产都是以自然环境的存在和发展为前提的，没有自然环境就没有人本身。延安被誉为全国退耕还林第一市，创造了黄土高原生态修复的奇迹。从 1998 年吴起县首开全国封山禁牧先河，到 1999 年在全国率先开展大规模退耕还林成为最早试点，用 20 年的时间退出了一片片青山，还出了一洼洼绿地；2018 年延安经济增速重回全省第一方阵，生动诠释了"绿水青山就是金山银山"的理念。

2. 西部大开发标志性工程——青藏铁路建设

区域开发行为是在一个确定的区域范围内开展的资源开发、大型工程建设、经济社会发展、区域生态环境建设等特定的重大发展行为和活动，涉及的区域范围可能包括多个城市、农村、流域单元，可能引发较多的环境问题，并对所涉及区域的环境社会系统发展产生根本性的长远影响。在西部大开发中，很多专家十分关注西部地区生态环境脆弱的问题，提出要警惕西部大开发变成"西部大开挖"，要把保护生态环境放在重要位置。

2001 年 6 月 29 日，青藏铁路开工建设，于 2006 年 7 月 1 日全线通车，二期历时 5 年时间完成。在建设过程中，550 公里的多年冻土、高原植被和野生动物保护是社会各界关注的热点。其中环保投入超过 11 亿元，接近工程总投入的 5%，是我国环保投入最多的铁路工程项目之一，并在全国重点工程建设中首次引进了环保监理。在自然保护区内，铁路线路遵循"能避绕就避绕"的原则，施工场地、便道、砂石料场的选址都经反复踏勘确定，尽量避免破坏植被。为恢复铁路用地上的植被，开展高原冻土区植被恢复与再造研究，采用先进技术使植物试种成活率达 70% 以上，比自然成活率高一倍多。为保障野生动物的正常生活、迁徙和繁衍，青藏铁路全线尽量避开野生动物栖息、活动的重点区域，专门设置了 33 个野生动物通道。

3. 长江生态系统保护

自古以来，渔业作为利用水生态系统进行经济产出的重要生产方式，一直是各沿水沿海国家和普通民众的重要经济和食物来源。渔业捕捞和养殖是我国人民自古以来的生产作业，在 20 世纪新中国成立以来和平发展的大气候下，我国人口增加迅速，经济发展迅猛，对水产品的需求猛增，政府和个人层面的渔业生产也得到了极大发展。

然而，在经济利益的驱动下竭泽而渔的悲剧一再上演，"绝户网""电鱼法""迷魂阵"等大量无差别的捕鱼方法处处可见。一些年来，我国近海和淡水湖河几近无鱼可捕，而大黄鱼、长江刀鱼等传统渔业品种已濒临灭种，我国的渔业资源遭受毁灭性的打击。目前，我国已出台了多个渔业保护的法规，制定了禁渔期、禁渔区等一系列规定，但各地仍有大量民众采用违法网具或手段无差别地获取渔业资源。

长江作为我国"淡水鱼类的摇篮"，是世界上生物多样性最丰富的河流之一，浩浩江水哺育着 424 种鱼类，仅特有鱼类就有 183 种，是全球七大生物多样性最丰富河流之一。根据 2018 年长江淡水豚科考结果，长江中仅存的哺乳动物江豚的种群数量仅为 1012 头（2006 年调查数据为 1800 头）。在过去几十年快速、粗放的经济发展模式下，我们付出了沉重的环境代价。许多人竭泽而渔，采取"电毒炸""绝户网"等非法作业方式，最终形成"资源越捕越少，生态越捕越糟，渔民越捕越穷"的恶性循环，长江生物完整性指数已经到了最差的"无鱼"等级。实施禁捕，让长江休养生息，迫在眉睫。

有研究表明，多年来的高强度开发、粗放式利用让长江不堪重负，流域生态功能退化，珍稀特有鱼类大幅衰减，位于长江生物链顶层的珍稀物种中华鲟、长江江豚岌岌可危，经济鱼类资源濒临枯竭。为了保护长江渔业资源，2003 年以来，长江流域实行每年 3～4 个月的禁渔期。每年短暂的休渔时间可谓杯水车薪。每年 7 月 1 日开捕后，当年的繁殖成果很快被捕捞殆尽，鱼类种群难以繁衍壮大。长江流域重点水域"十年禁渔"（从 2020 年 1 月 1 日起实施）措施给长江提供了休养生息的时间和空间，缓解了当下长江鱼少之困，也为长江江豚在内的许多旗舰物种的保护带来了希望，是对长江生态系统保护具有历史意义的重要举措。

4. 云南绿孔雀栖息地保护案

云南绿孔雀案又称为绿孔雀栖息地保护案，是中国首例濒危野生动物保护预防性公益诉讼，在 2021 年世界环境司法大会上被联合国环境规划署评为世界生物多样性司法保护十大典型案例，并被最高人民法院、中央广播电视总台评为"新时代推动法治进程 2021 年度十大案件"。

2017 年 3 月，环保组织"野性中国"在云南恐龙河自然保护区附近进行野外调查时，发现绿孔雀栖息地恰好位于在建的红河（元江）干流戛洒江一级水电站淹没区，于是向国家环境保护部发出紧急建议函，建议暂停红河流域水电项目，挽救濒危物种绿孔雀，保护其最后的完整栖息地。2017 年 5 月，原环保部环评司组织环保公益机构、科研院所、水电集团等单位座谈，就水电站建设与绿孔雀保护问题展开交流讨论。2018 年 6 月 29 日，云南省人民政府发布了《云南省生态保护红线》，将绿孔雀等 26 种珍稀物种的栖息地划入生态保护红线。2018 年 8 月 28 日，该案在昆明市中级人民法院环境资源审判庭开庭。2020 年 3 月 20 日，昆明市中级人民法院对云南绿孔雀公益诉讼案作出一审判决：被告水电站建设单位立即停止基于现有环境影响评价下的戛洒江一级水电站建设项目，不得截流蓄水，不得对该水电站淹没区内植被进行砍伐。对戛洒江一级水电站的后续处理，待被告新平公司按生态环境部要求完成环境影响后评价，采取改进措施并报生态环境部备案后，由相关行政主管部门视具体情况依法作出决定；由被告新平公司向原告自然之友支付为诉讼产生的合理费用 8 万元。宣判后原告和被告双方均提起上诉，原告北京市朝阳区自然之友环境研究所以戛洒江一级水电站应永久性停建为由请求改判支持其全部诉讼请求，被告水电站建设单位以项目已无再建可能为由请求驳回对方全部诉讼请求。2020 年 6 月，云南省高级人民法院受理该案后，围绕双方上诉请求和争议焦点进行了公开开庭审理。2020 年 12 月，云南省高级人民法院宣判，判决驳回上诉，维持原判。云南省高级人民法院经审理认为，戛洒江一级水电站淹没区对绿孔雀栖息地和热带雨林整体生态系统存在重大风险，在生态环境部已要求建设方开展环境影响后评价基础上，戛洒江一级水电站是否应永久停建应由行政主管机关根据环境影响后评价等情况依法作出决定，原审判决并无不当，应予维持。

5. "绿水青山就是金山银山"理念诞生地——浙江余村生态修复之路

余村位于浙江省湖州市安吉县天荒坪镇，是天荒坪风景名胜区竹海景区所在地。村域呈东西走向，群山环抱，秀竹连绵，植被覆盖率高达 96%。余村"两山"景区是"绿水青山就是金山银山"理念诞生地、省级"两山"乡村旅游产业集聚区核心区，是全国首个以"两山"实践为主题的生态旅游、乡村度假景区。2022 年 1 月，联合国公布了首批 44 个"世界最佳旅游乡村"名单，我国有两家入选：一个是安徽省黄山市黟县的西递，另一个就是浙江省湖州市安吉县的余村。

20 世纪 80～90 年代，余村炸山开矿、建水泥厂，迅速成为安吉有名的富裕村、工业村、污染严重村，造成严重突出的生态环境恶化问题，处在"钱袋子"还是"绿叶子"抉择的十字路口。2003 年，随着浙江全面启动生态省建设，余村下定决心关停污染环境的矿山和水泥厂，但村集体经济收入因此急转直下。"下决心关停矿山是高明之举。"2005 年 8 月 15 日，时任浙江省委书记的习近平同志来到余村调研，强调指出："我们过去讲既要绿水青山，又要金山银山，实际上绿水青山就是金山银山。"在习近平总书记"绿水青山就是金山银山"理念指引下，余村深入实施"千村示范、万村整治"工程，淘汰重污染企业，开展村庄整治，转型发展农家乐休闲旅游。

2012 年，余村全面开展美丽乡村建设，全力整治违章建筑和违法用地，完成山塘水库修复、生态河道建设、节点景观改造和沿线坟墓搬迁，推行垃圾不落地与分类管理、截污纳管全覆盖。2015 年，余村高标准建成"两山"会址公园、矿山遗址花园、乡村游憩乐园、中药养生种植园和慢行绿道竹园。2018 年，全村实现国民生产总值 2.783 亿元，农民人均收入 44680 元，村集体经济收入达到 471 万元。2019年，全村农家乐经营业主 38 家，年接待游客 50 万人次，旅游总收入 3600 多万元。2020 年 3 月，习近平总书记再访余村，看到村里的变化后强调："'绿水青山就是金山银山'理念已经成为全党全社会的共识和行动，成为新发展理念的重要组成部分。实践证明，经济发展不能以破坏生态为代价，生态本身就是经济，保护生态就是发展生产力。" 2022 年，余村村集体经济收入达到 1305 万元，村民人均收入达到 64863 元。

余村在"绿水青山就是金山银山"重要理念引领下努力修复生态，走出了一条生态美、百姓富的绿色发展之路，这深刻揭示了保护生态环境就是保护生产力、改善生态环境就是发展生产力的道理。离开了绿水青山，人类社会的一切财富都将成为无源之水、无本之木。

6. 云南野象群体北迁并返回事件

2020 年 3 月，原本栖息在云南西双版纳国家级自然保护区的一群野生亚洲象开始一路向北迁移，2021 年 4 月 16 日，从普洱市墨江县迁徙至玉溪市元江哈尼族彝族傣族自治县，该象群由成年雌象 6 头、雄象 4 头，亚成体象 3 头，幼象 4 头组成。4 月 24 日，2 头大象返回普洱墨江县，象群由 17 头变成了 15 头。象群途经普洱市、红河州、玉溪市等地，云南省森林消防总队持续用无人机对象群实施勘察、跟踪并及时汇报象群最新活动线索，通知沿途群众及早做好撤离准备。2021 年 9月 10 日 1 时 00 分，历经数月后，象群从普洱市墨江县进入普洱市宁洱县，平安回归栖息地。

从 4 月 16 日进入玉溪活动以来，截至 6 月 8 日返回玉溪市，象群在玉溪市内活动共计 41 天，途经 9 个乡镇（街道）辖区，穿过多个乡镇及村庄，造成 400 多户群众财产受损，主要以经济农作物（香蕉、芭蕉、玉米、大米、水稻、芒果、青枣、火龙果、烤烟、甘蔗、红薯等）损失为主。短短 40 多天，象群在元江县、石屏县共"肇事"412 起，直接破坏农作物达 842 亩，初步估计直接经济损失近680 万元，严重影响了当地群众的正常生产生活秩序。截至 8 月 8 日，云南全省共出动警力和工作人员 2.5 万多人次，无人机 973 架次，布控应急车辆 1.5 万多台次，疏散转移群众 15 万多人次，投放象食近 180 吨。云南省林业和草原局动植物处处长向如武表示，云南已对北迁亚洲象沿途造成的群众经济财产损失启动野生动物肇事公众责任保险定损赔付工作，待统计定损工作完成将对沿线居民损失进行赔付。

象群从"老家"西双版纳一路北上，迁徙近 500 公里，几乎跨越了半个云南省。其迁徙原因猜想如下：

① 寻找新栖息地。北京师范大学生态学博士何长欢表示，因云南亚洲象繁殖几乎不受天敌约束，加之亚洲象种群数量逐渐增长，一旦数量超出栖息地容纳范围就

会扩散。亚洲象此次北迁原因或为寻找新栖息地。

② 寻找食物。云南大学生态与环境学院教授陈明勇表示，当下正是野生亚洲象食物青黄不接的时候，大象知道人类不再伤害它们便走出保护区，进入人类农田觅食玉米、香蕉等作物。

③ 地磁暴影响。中国科学院强磁场科学中心暨国际磁生物学前沿研究中心研究员谢灿提出："我更相信这是云南野生人象固有迁徙本能的一次觉醒。有可能是因为某次太阳活动异常引起的磁暴激活了这种本能。"谢灿认为如果象群是为了找食物，那北上不一定是好的选择，北上沿途的食物可能更加匮乏。长距离行进，一路向北，方向明确，这并不符合单纯觅食的特征。

无论原因如何，这段备受关注的云南大象北上及返回之旅，让我们看到了中国保护野生动物的成果，也生动地阐释了人与自然和谐共生的理念。

7. 黄河的保护与治理

黄河的保护与治理一直牵动着习近平总书记的心，党的十八大以来总书记的考察足迹遍布黄河上中下游沿线多个省（区），多次发表重要讲话并主持召开黄河流域生态保护和高质量发展座谈会，其间作出了许多重要指示批示，从实现中华民族伟大复兴的高度擘画新时代黄河流域的治理格局与发展思路。黄河流域生态保护和高质量发展是党中央从中华民族和中华文明永续发展的高度作出的重大战略决策，黄河流域各省区都要坚持把保护黄河流域生态作为谋划发展、推动高质量发展的基准线，不利于黄河流域生态保护的事坚决不能做。处理好黄河流域生态保护与经济发展的关系，是实现黄河流域高质量发展的内在要求。推动上中下游协同保护治理，立足区域差异进行分类施策。运用法治护航生态文明建设，开启依法护河治河崭新篇章。

十余年来，黄河流域各省区按照党中央部署统筹推进山水林田湖草沙综合治理、系统治理、源头治理，使黄河流域生态环境得到显著改善：流域水质全面提高，2023年优良水质比例较上一年提高 3.5 个百分点，劣 V 类断面比例下降 0.8 个百分点；地级市及以上城市的黑臭水体已基本消除，黄河干流全线达到 II 类水质。在黄河流域生态保护取得显著成就的同时，也应当清醒地认识到促进黄河流域生态保护和高质量发展并非一日之功，目前尚有生态环境仍待改善、保护性修复还需加强、沿线传统产业向绿色低碳转型升级动力不足等问题亟待解决。因此，我们应当总结经验、归纳方法，坚持一张蓝图绘到底，一茬接着一茬干，最终实现黄河长久安澜、造福人民的丰功伟业。

2024 年 6 月 21 日，习近平总书记在宁夏考察时强调，打好黄河"几字弯"攻坚战，统筹推进森林、草原、湿地、荒漠生态保护修复和盐碱地综合治理，让"塞上江南"越来越秀美。这充分体现出总书记对黄河流域生态保护和高质量发展之间的辩证思考，为黄河流域高质量发展指明了方向。

教学分析 ••

一、课程思政要素挖掘

1. 尊重自然

我国古代生态思想强调人与自然的和谐共生，主张尊重自然、顺应自然。这一理念可以培养学生对自然的敬畏之心，树立正确的自然观，认识到人类是自然的一部分，应与自然和谐相处。

2. 节约资源

我国古代生态思想中蕴含着节约资源的观念，如"取之有度，用之有节"。通过学习这些思想可以引导学生养成节约资源的好习惯，提高资源利用效率，为可持续发展贡献力量。

3. 可持续发展

我国古代的生态实践，如农业中的轮作、休耕等，体现了可持续发展的理念。这可以让学生认识到经济发展与环境保护的关系，培养他们的可持续发展意识，为未来的社会建设提供指导。

4. 责任担当

古代思想家强调人类对自然的责任，认为人类有义务保护自然。这可以激发学生的责任感和使命感，让他们认识到自己在环境保护中的角色，积极参与环保行动。

5. 人文精神

古代生态思想与人文精神紧密相连，强调人的品德修养与自然环境的关系。通过学习可以培养学生的人文素养，提高他们的道德水平，促进个人的全面发展。

二、融入教育教学的方法

1. 课堂讲授

在相关课程中教师可以通过讲解中国古代生态思想的内涵、发展历程和实践案例引导学生深入理解古代生态思想的价值。同时，结合现代社会的环境问题进行对比分析，让学生认识到古代生态思想的现实意义。

2. 案例分析

选取中国古代生态实践的典型案例，比如都江堰水利工程、哈尼梯田等，组织学生进行案例分析。让学生探讨这些案例中蕴含的生态思想和实践方法以及对现代社会的启示。

3. 小组讨论

将学生分成小组围绕中国古代生态思想的相关主题进行讨论,例如,"古代生态思想与现代可持续发展的关系""如何在日常生活中践行古代生态思想"等。通过小组讨论激发学生的思考和交流,培养他们的合作能力和创新思维。

4. 实践活动

组织学生开展与古代生态思想相关的实践活动,比如参观生态博物馆、参与环保志愿者活动等,让学生在实践中亲身体验古代生态思想的魅力,提高他们的环保意识和实践能力。

5. 课外阅读与写作

推荐学生阅读有关中国古代生态思想的书籍和文章,要求学生撰写读后感或论文。通过课外阅读和写作加深学生对古代生态思想的理解,提高他们的阅读和写作能力。

三、教育教学效果评估

1. 学生反馈

通过问卷调查、课堂讨论、课后作业等方式收集学生对课程中融入中国古代生态思想思政要素的反馈意见。了解学生对古代生态思想的认识和理解程度以及对自身价值观和行为的影响。

2. 学习成果评估

考查学生在相关课程中的学习成果,比如考试成绩、论文质量、实践报告等。分析学生在知识掌握、能力提升和价值观培养等方面的变化,评估课程思政的教学效果。

3. 行为观察

观察学生在日常生活中的行为表现,看是否有节约资源、保护环境等方面的改变,例如,是否主动进行垃圾分类、是否节约用水用电等。通过行为观察进一步评估课程思政对学生的实际影响。

📁 **参考文献** •··

[1] 鞠美庭. 环境类专业课程思政教育内容选编 [M]. 北京:化学工业出版社,2022.

[2] 孙建强,周珊珊. 环境专业课程思政教学设计案例 [M]. 杭州:浙江大学出版社,2022.

[3] 高敬. 不断书写新的绿色奇迹——新中国成立 75 周年生态环境保护成就综述 [EB/OL].
2024-09-18 [2024-10-28].https://www.gov.cn/yaowen/liebiao/202409/content_6975226.htm.

中国环境保护事业的守望者
曲格平

曲格平教授（1930年6月一）毕业于山东大学，是世界著名环境科学专家，被称为中国环保第一人、"中国环境保护之父"，被视为中国环保事业的开拓者、奠基人和领导者，也是中国环保管理机构的创建者，为中国的环境保护事业做出了杰出贡献。他一直致力于构筑着中国环境法体系。他一生致力于推动中国环境保护事业，从零开始开创了中国环保体系的建设，为环境法律法规的制定、环境污染治理以及国际环保合作做出了卓越贡献，他心目中最大的使命就是"让自然有法保护"。在改革开放40余年的历程中，他是我国首个专门环保机构——国家环保局的第一任局长，也是全国人大环境与资源委员会的第一任主任委员。

一、从觉醒到行动：中国环保事业的奠基者

曲格平出生于山东肥城的一个偏僻小山村。12岁以前，他的大部分时光都是在家乡的山林里度过，青山绿水不但滋养了祖祖辈辈，也温暖了曲格平的童年。1962年他回到了久别的故乡，然而故乡的破败和污浊的环境让他痛心不已，"与自然和谐共处，把美好还给人间"像一颗种子种在了他心间。

曲格平的环保事业起步于一项临时性的工作分工，1969年党中央成立"国务院计划起草小组"这一临时机构，曲格平调至该小组负责环保工作，从此开始了他长达五十多年的环保之路。曲格平以坚定的信念，在当时环境保护尚未受到重视，缺乏管理机构、法律法规和专业人才的背景下，为中国环境保护事业奠定了基础。

1972年，曲格平作为中国政府代表团成员出席了在斯德哥尔摩召开的联合国首次人类环境会议，这是新中国重返联合国后的首次国际环境对话。会议上，他目睹了日本"水俣病"等公害事件的惨烈画面，深刻认识到工业文明的代价，从此立志献身于环境保护事业。1976年后他历任中国常驻联合国环境规划署首席代表、国务院环境保护领导小组办公室副主任、城乡建设环境保护部环境保护局局长、第一任

国家环境保护局局长、全国人大环境与资源保护委员会主任委员、中华环境保护基金会理事长等。曲格平从事环境保护工作的五十余年中曾多次向党和国家领导人提出环境保护建议并得到了采纳和实施，他的一生在为建立和完善中国的环境保护管理体系、法律法规体系、国际合作与教育机制等方面做出了开创性贡献，还推动了中国环境保护的全民参与，对近年来中国环保科技事业、环保产业的发展也起了决定性的作用。

二、制度创新与污染治理：中国环保的实践探索

曲格平不仅是环保事业的开创者，更是污染治理的实践者。他将国际经验与中国实际相结合，提出了一系列创新性的治理策略，为中国的环境保护事业注入了鲜活的生命力。曲格平深知，要改善环境质量，必须从治理重点污染源入手。他通过"自上而下"推动与"自下而上"监督相结合的方式推进了重点工业污染源的治理，所倡导的"污染者付费"原则为企业的污染治理提供了经济激励。而对改革开放初期大量工矿企业的排污问题，曲格平创造性地将"三同时"制度（环保设施与主体工程同步设计、同步施工、同步投产）写入法律。该制度要求企业在建设过程中必须考虑环境保护，避免因生产而导致的环境破坏。曲格平通过将这些规定写入多部环境法律，使"三同时"从最初的管理要求上升为具有强制力的法律制度，成为中国环境管理的重要基石。这一制度创新有效控制了新污染源的产生，被联合国环境规划署誉为"发展中国家环境监管的典范"。

1973 年，曲格平主导印发《简报增刊》，首次系统揭露国内环境污染真相，推动了第一次全国环保会议的召开，使环境保护成为国家议题。通过不懈努力，1979年，他推动颁布《中华人民共和国环境保护法（试行）》，标志着中国环境法治元年，创造性地首次将环境影响评价制度引入中国，在计划经济的土壤中植入预防性治理基因，奠定了环境法治基础。1983 年，他主导推动将"环境保护"写入宪法并确立为基本国策，所提出的"经济建设、城乡建设、环境建设同步发展"理念至今仍是生态文明建设的核心逻辑，打破了"社会主义无污染"的认知桎梏。从煤油灯下起草《环境保护规划要点》，到 1988 年国家环保局挂牌成立，他如同精卫衔木，将环保机构从边缘协调部门擢升为国务院直属机构，为环境治理奠定了体制基石。1993年执掌全国人大环境与资源委员会后，推动《中华人民共和国大气污染防治法》《中华人民共和国水污染防治法》《中华人民共和国环境影响评价法》等 20 余部法律修订颁布，构建起全球最完整的环境法律体系。

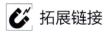 拓展链接

《中华人民共和国环境保护法》是新中国成立后的第一部环境方面的立法法案，

对于改善和保护环境起着积极作用，1989年12月26日首次公布施行；2014年4月24日进行了首次修订，在第十二届全国人民代表大会常务委员会第八次会议上通过，2015年1月1日起施行。这一被称为"史上最严环境保护法律"从立法层面上加大了保护激励机制与污染处罚力度，体现出立法理念创新、技术手段加强、监管模式转型、监管手段强硬、鼓励公众参与、法律责任严厉六大亮点。保护环境是我国的基本国策。根据大气、水土、海洋等分类，我国现行的环境保护方面的法律有30多部、行政法规有90多部。

在改革开放初期，伴随着经济发展速度大幅增长，环境保护面临着前所未有的压力，如何在不影响经济发展的情况下做好环境保护工作是一个大问题。当时中国的环境保护工作还处于摸着石头过河的阶段，曲格平呼吁引进国外先进管理经验，经过多年论证大胆提出了在经济建设、城乡建设和环境建设三个方面的"三同步发展方针"。这是我国环境保护建设当中的一个重大进展，也是一个很重要的政策思路。随着国民经济的迅速发展，我国的环境保护经验逐步增加，曲格平敏锐地意识到在经济发展的同时需要提前做好环境保护，他先后参与了"预防为主，防治结合""谁污染谁治理"和"强化环境管理"三大环境保护政策体系的制定，结合国情制定了八项环境管理制度和措施并在全国普遍实施。这些环保理论具有前瞻性，具体应用也取得了非常好的实效，使中国在经济倍增的20世纪80年代成功避免了环境状况的进一步恶化，为建立和完善具有中国特色的环境保护道路做出了突出的贡献。

通过这些实践，曲格平先生将环境保护理论应用于现实，推动了中国环境保护事业的飞跃式发展，为实现"美丽中国"的目标奠定了坚实的基础。

三、全球视野：推动中国环保走向世界

曲格平以其开阔的国际视野和战略眼光积极推动中国环保事业走向世界舞台。他不仅是国内环境保护领域的开拓者，更是将中国的环保经验和理念传递给世界的使者。通过参与国际环境事务和推动国际合作，曲格平为中国的环保事业赢得了国际声誉，同时为全球环境治理贡献了中国智慧和中国方案。

曲格平先生积极推动中国加入联合国环境规划署（UNEP）等重要国际环保组织，并陆续签署和批准了一系列国际环境公约。1976年，他作为中国首任常驻UNEP代表，在蒙特利尔议定书谈判中为发展中国家争取了消耗臭氧层物质（CFCs）淘汰技术转让。这一成果不仅提升了中国在国际环境谈判中的地位，也为后续的国际合作奠定了基础。此外，曲格平主持制定的《中国消耗臭氧层物质国家方案》成功争取到《蒙特利尔议定书》多边基金项目支持，促成中国提前十年实现履约目标，这一成就使中国在国际社会中赢得了高度评价。

通过积极的国际合作，曲格平为中国引进了大量环保资金和技术。这些项目不仅提升了中国的环境治理能力，也推动了环保产业的发展。与此同时，曲格平先生推动的"中华环保世纪行"活动，向世界展示了中国的环保成果。太原清洁生产试点经验被写入《21世纪议程》，"小流域综合治理"理念在东南亚推广，并使湄公河流域水土流失降低了30%。

1992年，曲格平率领中国代表团参加里约地球峰会，他以"共同但有区别的责任"原则为发展中国家争取到了道德制高点。在联合国气候变化框架公约谈判中，中国的声音得到了广泛关注。曲格平手持《中国21世纪议程》蓝皮书，向世界宣告："中国不需要重复先污染后治理的老路。"这一宣言后来化作119个生态示范区的国家行动，标志着中国在全球气候治理中迈出了坚实的一步。

通过曲格平的不懈努力，中国的环保事业不仅在国内取得了显著成就，更在国际舞台上赢得了尊重。他的国际视野和合作精神为中国在全球环境治理中赢得了更多的话语权，也为全球环境保护事业注入了新的活力。

四、传承与影响：环保教育与"美丽中国"愿景

曲格平深知，环保事业的发展离不开高素质的专业人才和全民的环境意识。他不仅致力于环境保护实践，更注重培养人才和提升全民族的环保意识，为中国环保事业的可持续发展奠定了坚实的人才和文化基础。为了满足中国环境保护事业对高水平科研人才和技术支撑的需求，曲格平积极推动创办了中国环境科学研究院。这一决策填补了我国环境领域科研机构的空白，在环境科学研究、污染治理技术开发、环境影响评价、环境标准制定等方面取得了举世瞩目的成果，为国家环保决策提供了重要的科学依据，为中国环境保护事业提供了强有力的科技支持。曲格平深刻认识到环境教育的重要性，他将环境教育贯穿于社会的各个层面，从高校到社区，从学生到公众。他以实际行动推动了中国环境教育事业的快速发展。在曲格平的推动下，越来越多的高校开设了环境专业，培养了大批环保人才。环境教育逐步纳入国民教育体系，提高了全民族的环境意识，公众参与环保的积极性也逐步提高，为环境保护事业提供了广泛的社会支持。这些举措为中国环保事业输送了源源不断的人才，推动了环境教育事业的长足发展。通过树人工程，曲格平不仅培养了环保领域的专业人才，还通过环境教育提升了全民族的环保意识，为中国环保事业的持续发展奠定了深厚的社会和文化基础。

曲格平在理论和实践上的贡献得到了国内社会各界的积极评价，同时也受到国际社会的广泛赞誉，获得了国内外的一致认可。为了表彰他在制定、指导和执行具有中国特色环境管理政策方面的献身精神、优异成就和突出贡献，1987年联合国环境规划署授予他"联合国环境规划署金质奖章"这项最高荣誉。曲格平1992年5月

获联合国环境规划署"笹川国际环境奖"，这是中国人第一次获得此项环境领域最高声望的国际奖项；1996年2月获荷兰贝恩哈德亲王颁发的"金方舟"勋章，是该奖中的最高级别指挥者奖，成为中国首位获此荣誉的人；1999年6月"由于建立中国环境保护的法律框架和在中国广大地域的环境保护活动"而获得日本国际环境奖"蓝色星球奖"，这是中国学者第一次获得这一目前国际上与联合国环境大奖齐名的最高奖项。

曲格平把一生都奉献给了中国的环境保护事业：为了推动环境保护工作的可持续发展，结合中国的国情和自身环境保护的经验，他参与了中国大部分环保法的制定。为了提高环境保护事业的全民参与程度，曲格平自掏奖金组建了中国环境保护方面的第一个基金会——中华环境保护基金会，并设立了中国环境保护的最高奖"中华环境奖"；为了鼓励高校积极开展环境保护等相关研究，他在北京大学、山东大学、中国环境管理干部学院设立了"曲格平奖学金"，是国内社会承认度高、环保界最具影响力的奖项之一，也是中国环境保护教育中的最高荣誉。

从中国环保事业的奠基到北京雾霾的攻坚，从法律空白的拓荒到生态文明的开创，曲格平先生用一生诠释了"环保不是选择题，而是生存必答题"的深刻内涵。这位95岁的环保先驱以其跨越半个世纪的坚守生动诠释了习近平生态文明思想中"人与自然生命共同体"的深刻内涵。正如其自述："半个世纪，我从未离开这片需要守护的土地。"这位跨越世纪的环保先驱早已将个人命运与中国的绿水青山融为一体，成为镌刻在时代丰碑上的不朽印记。

曲格平的事迹是中国环境保护事业发展的缩影，也是中国走向生态文明的伟大进程中的重要篇章。他不仅推动建立了国家环保体系，制定了环境保护法律法规，还通过教育和实践唤醒了全民族的环境意识，为实现生态文明奠定了坚实基础。他的精神将永远是中国环保事业的旗帜，凝聚成新时代"绿水青山就是金山银山"的全民共识。他以非凡的远见、坚韧不拔的毅力和无私奉献的精神从零开始、披荆斩棘，为中国的环保事业铺就了一条道路。正如他所践行的"每个环保人的奋斗，都是美丽中国梦的注脚"理念，他的绿色传奇将永远激励后人，为中国的生态文明建设继续发挥光芒。

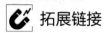 拓展链接 ••

一、正确认识化学工业的作用

化学工业在 18~19 世纪工业革命时期开始了社会化大生产，那个时期的化学工业为纺织工业、交通运输业、电力工业和机器制造业提供原材料和辅助品，促成了工业革命的成功。几个世纪以来，化学与人类生产生活的关系越来越密切，人们的衣食住行都离不开化学。化学日益成为能源的开拓者、材料的研制者、环境的保护者、社会发展的推动者和美好生活的开拓者。然而，人们享受着化学给人类带来的成果的同时，对化学也有着种种责难，"我们恨化学"之类广告便是这种现象的反映。

中央电视台在 2015 年 11 月播放了一则国产化妆品牌的广告，其中不断重复的广告语"我们恨化学"导致舆论一片哗然。当年 11 月 24 日，中国化学会公开致函中央电视台，认为广告中"我们恨化学"的广告语对化学形象造成的严重诋毁误导了公众对化学的正确认识，要求撤销广告、公开致歉。其实，此"恨化学"广告创意并非原创，它是中国台湾某化工品牌在 2010 年一段广告中的创意。这两则广告反映出时下公众对化学、化工存在误解，一些人认为化学、化工给人类社会带来了环境污染问题，认为只要实现与化学和化工的切割，就能体现绿色、环保的理念。人们对化学、化工和材料等工业领域的误解或歪曲一方面是由于人们对化学缺乏全面的认识。自工业革命以来，化学为人类社会创造了巨大的财富，在这期间所造成的污染不是化学本身的问题，而是人类忽视环境保护造成的。需要注意的是，化学是解决当前人类环境污染问题不可或缺的部分，化学是环境的保护者，是人类幸福生活的创造者。另一方面，随着生活水平的不断提高，人们对生存环境的要求也越来越高，也越来越意识到可持续发展对人类未来的重要性，这说明人们的环保意识在提升，"绿水青山就是金山银山"的环保观念正在深入人心。为推动中国的环保事业，党和国家做了大量的工作，一代代的环保人为此也做出了重大贡献，曲格平就是这样的人。

环境问题是一个涉及领域广泛、综合性强的社会问题，化学是其中最关键的学科。粗放式的传统化学工业是环境污染的重要源头之一，比如燃烧、汽车尾气排放等造成的大气污染，工业污水、生活废水等造成的水污染和固体废物污染等，可以说对环境的破坏经常超过其他领域，甚至威胁到人类的生存。因此环境的保护、治理和恢复更需要依靠化学科学，化学工业能否生产出对环境无害的化学品甚至开发出不产生废物的工艺，对环境保护的作用将是巨大的。绿色化学就是现今国际化学领域非常重视的一个研究方向，吸收了当代物理、生物、材料、信息等学科的最新理论和技术，涉及有机合成、催化、生物化学、分析化学等分支学科，是具有明确科学目标和社会需求的新兴交叉学科，最大的特点就是在始端就采用预防污染的科学手段，从而过程和终端达到零排放或零污染。在中国环保事业进入攻坚克难的新阶段，化学工作者要力争在学术上有所建树，用自己的知识去承担保护生态环境、建设美丽中国的历史重任。

二、我国新能源发展成就

新能源与环境保护密不可分、相辅相成。传统化石能源的大量使用是导致环境污染和气候变化的主要根源，而新能源（如太阳能、风能、水能等可再生能源）的开发利用，能够显著减少温室气体排放和空气污染物，从根本上缓解能源生产对生态环境的压力。同时，环境保护的需求也推动着新能源技术的创新与发展，例如更高效的光伏电池、更智能的储能系统等，使清洁能源逐步成为能源结构的主体。因此，发展新能源是实现绿色低碳发展、建设美丽中国的关键路径，也是全球应对环境危机的重要解决方案。因此新能源成为全球大国竞争制高点。

国家统计局 2024 年 9 月 19 日发布的新中国 75 年经济社会发展成就系列报告显示，75 年来我国能源发展取得显著成就，供应保障能力持续增强，绿色低碳转型深入推进，能源利用效率不断提升，节能降耗成效明显，能源生产能力和水平大幅提升，我国成为世界能源生产第一大国。2023 年一次能源生产总量达到 48.3 亿吨标准煤，比 1949 年增长 202.6 倍，年均增长 7.4%。如今，我国已经基本建成煤、油、气、核及可再生能源多轮驱动的能源生产和供应保障体系，能源安全保障水平和韧性持续提升。党的十八大以来，我国能源生产发生巨大变革，发展动力由传统能源加速向新能源转变，结构由以煤为主加速向多元化、清洁化转变。2023 年，原煤占一次能源生产总量的比重下降到 66.6%；原油占比下降到 6.2%；天然气、水电、核电、新能源等清洁能源加速发展，占比大幅提高到 27.2%。

报告显示，75 年来，我国能源消费整体呈现稳定增长态势。1953 年我国能源消费总量仅为 0.5 亿吨标准煤，2023 年达到 57.2 亿吨标准煤，比 1953 年增长 104.7 倍，年均增长 6.9%。分品种看，清洁能源消费增长更快。党的十八大以来，我国深入推动能源消费革命，能源绿色低碳转型步伐加快。天然气、水电、核电、新能源等清洁能源消费增长加快，占能源消费总量比重从 2012 年的 14.5% 提高到 2023 年的 26.4%。能源利用效率大幅提升，节能降耗成效显著。75 年来，我国不断加强能源资源开发和基础设施建设，实施节约与开发并举、把节约放在首位的能源发展战略，更加注重能源发展的质量和效率，单位 GDP 能耗整体呈现下降态势，"十一五"以来累计降低 43.8%，年均下降 3.1%，单位产品能耗明显降低。

 教学分析 •••

一、课程思政要素挖掘

1. 责任担当

曲格平致力于中国环境保护事业，展现出强烈的责任感。他不畏艰难，积极推动环保政策的制定和实施，为改善中国环境状况付出了巨大努力。可以教育学生要勇于担当社会责任，为国家和人民的利益贡献自己的力量。

2. 科学精神

曲格平在环保工作中坚持以科学为依据，深入研究环境问题，提出科学合理的解决方案。他的这种科学精神可以激励学生在学习和工作中保持严谨的态度，追求真理，运用科学方法解决问题。

3. 创新精神

面对中国复杂的环境问题，曲格平不断探索创新，推动环保理念和方法的更新。他的创新精神可以启发学生培养创新思维，敢于突破传统，为解决现实问题寻找新的途径。

4. 坚韧不拔的意志

在推动环境保护事业的过程中，曲格平遇到了诸多困难和阻力，但他始终坚持不懈。这种坚韧不拔的意志可以激励学生在面对困难和挑战时不轻易放弃，坚定信念，勇往直前。

5. 爱国情怀

曲格平的环保工作是出于对祖国和人民的热爱，他希望通过改善环境，为子孙后代创造更好的生活条件。这可以激发学生的爱国情怀，让他们将个人的发展与国家的命运紧密联系起来。

二、融入教育教学的方法

1. 案例教学法

在相关课程中引入曲格平的环保事迹作为案例进行分析。通过讲解他在不同阶段的工作和成就，引导学生思考环保的重要性、责任担当、科学精神等问题。

2. 小组讨论法

组织学生围绕曲格平的环保理念和实践进行小组讨论。设置一些问题，比如"曲格平的哪些做法值得我们学习？""我们可以为环保事业做些什么？"等，引导学生思考和交流，培养他们的合作能力和问题解决能力。

3. 实践教学法

结合环保主题组织学生开展实践活动，比如参与环保志愿者活动、进行环境调查等，让学生在实践中体会曲格平的环保精神，增强他们的环保意识和实践能力。

4. 多媒体教学法

利用图片、视频、纪录片等多媒体资源向学生展示曲格平的工作场景和环保成就。通过直观的视觉冲击让学生深刻认识到环保的重要性和曲格平的贡献。

5. 阅读与写作法

要求学生阅读有关曲格平的书籍、文章或报道并撰写读后感或论文。通过阅读和写作加深学生对曲格平环保思想的理解，提高他们的阅读理解和写作能力。

三、教育教学效果评估

1. 学生反馈

通过问卷调查、课堂讨论、课后作业等方式收集学生对课程中融入曲格平思政要素的反馈意见。了解学生对曲格平事迹的认识和感受以及对自身价值观和行为的影响。

2. 学习成果评估

考查学生在相关课程中的学习成果，比如考试成绩、论文质量、实践报告等。分析学生在知识掌握、能力提升和价值观培养等方面的变化，评估课程思政的教学效果。

3. 行为观察

观察学生在日常生活中的行为表现，看环保意识是否提高、责任感是否增强等，例如是否主动参与环保活动、是否节约资源等。通过行为观察进一步评估课程思政对学生的实际影响。

📁 参考文献 ···

［1］姜涛，葛春华. 化学课程思政元素［M］. 北京：高等教育出版社，2021.

［2］国家统计局. 生态环境质量持续改善　美丽中国建设全面推进——新中国 75 年经济社会发展成就系列报告之十四［EB/OL］. 2024-09-19［2024-10-28］. https://www.gov.cn/lianbo/bumen/202409/content_6975529.htm.

案例3

"中国催化剂之父" 闵恩泽

闵恩泽（1924 年 2 月 8 日—2016 年 3 月 7 日），石油化工催化剂专家，中国科学院院士、中国工程院院士、第三世界科学院院士、英国皇家化学会会士，中国炼油催化应用科学的奠基者，石油化工技术自主创新的先行者，2007 年度国家最高科学技术奖获得者，绿色化学的开拓者，为我国催化剂事业和绿色能源事业发展做出了巨大贡献，被誉为"中国催化剂之父"。他主要从事石油炼制催化剂制造技术领域研究，主持开发了多种催化剂并引入绿色化学领域，策划指导开发成功多项绿色技术和新技术。2010 年 9 月 23 日，为了纪念闵恩泽对石化事业的卓越贡献，国际小行星中心发布了一则公报，宣布由中国科学院国家天文台的施密特 CCD（电荷耦合器件）小行星项目组发现并获国际永久编号的第 30991 号小行星经过国际天文学联合会的一致认可正式被命名为"闵恩泽星"。2011 年 5 月 3 日，我国杰出科学家闵恩泽的小行星命名仪式在北京成功举行。2011 年 9 月，北京师范大学成都实验中学设立闵恩泽创新实验班，在课程设置等方面进行改革以培养学生的创新品质。

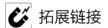 拓展链接

1. 绿色化学

环境问题是一个涉及领域广泛、综合性很强的社会问题，化学就是它涉及的最关键学科，绿色化学理应是其中非常重要的一个研究方向，这一化学学科的发展与众多化学家不畏权威、勇于创新的科学精神密不可分。化学工程项目的实施过程具有一定的危险性，要求尊重生命、尊重人权，具备良好的职业道德。化学工业迅速发展，同时也给环境带来了破坏，但绿色化学极好地适应了社会发展趋势，实现了清洁生产和污染控制。作为基于环境科学、化学和能源研究等的交叉学科，绿色化学出现于 20 世纪 90 年代中期，是从源头解决污染的一门学科，是 21 世纪化学发展的主流之一，主要研究如何节约能源、开发新能源和从源头上消除污染。其基本原则有 12 个：预防、原子经济、最少有害化学合成、产物安全性、安全辅助物质、

最小能耗、使用可再生原料、减少衍生物、催化、可降解、污染物实时监控、化学品安全性。其方法手段有 5 个：采用新原料、开发新催化材料、使用安全廉价的溶剂、设计安全有效化学品、改变反应途径。绿色化是新世纪化学进展的主要方向之一，安全无毒化学品的设计是绿色化学的重要研究内容，绿色催化技术又是绿色化学重要的研究内容之一。

2. 催化剂与现代化学工业

1806 年，法国化学家克雷蒙和德索尔姆在研究一氧化氮对二氧化硫氧化的催化作用时，曾推测一氧化氮先与空气中的氧作用生成某种活泼的中间化合物，然后该中间化合物使二氧化硫氧化，而本身又复原成一氧化氮。这是化学家们关于催化作用的最早研究。经过 200 多年的研究，人类关于催化的认识更加全面而深刻，催化对于推动化学工业的发展发挥着举足轻重的作用。现代化学工业的巨大成就与催化剂的使用是分不开的，80%以上的化工产品是借助于催化过程来实现的，可以说没有催化剂就没有现代化学工业。

一、奠基中国炼油催化应用科学

闵恩泽出生于四川成都，家里中堂悬挂的对联"忠厚传家久，诗书继世长"对他产生了深远影响。闵恩泽在 1948 年至 1951 年留学美国并获得美国俄亥俄州立大学博士学位。受朝鲜战争影响，1949 年起美国政府不允许学理、工、农、医的中国留学生离境，闵恩泽夫妇归乡不得，只能在当地先找工作生存下来。1951 年起，闵恩泽进入美国芝加哥纳尔科化学公司从事科研工作，担任高级工程师。在纳尔科的四年，闵恩泽积累了在企业搞科研的宝贵经验，也逐渐在美国站稳脚跟，已在美国过上了优裕的生活，但他始终心怀祖国，认为自己的根在中国，他要回国报效祖国，积极寻求回国机会。1955 年，闵恩泽夫妇在朋友的帮助下冲破美国政府的层层阻挠，历尽波折终于回到了祖国，回国后进入石油工业部北京石油炼制研究所工作，从此开始了发展中国炼油工业和研制催化剂的人生历程。

20 世纪 50 年代末至 60 年代初，闵恩泽刻苦钻研，打破了国外技术上的层层封锁，参加并指导完成了移动床催化裂化小球硅铝催化剂、流化床催化裂化微球硅铝催化剂、铂重整催化剂和固定床烯烃叠合磷酸硅藻土催化剂制备技术的消化吸收再创新与产业化，满足了国家在燃油方面的急需。在他的领导和参与下，中国建成了兰州、长岭、抚顺、锦州等地的催化剂厂和车间，为中国石化事业奠定了发展基础，因此他也被誉为中国炼油催化应用科学的奠基人。1979 年，闵恩泽作为中国代表团三名成员之一参加了在罗马尼亚召开的世界石油大会并成功恢复了中国的国家委员会席位。

二、推动中国石油化工技术自主创新，开拓绿色化学研究

闵恩泽在科研领域的成就推动中国炼油催化剂事业实现了跨越式发展。20 世纪 70 年代，他成功地指导开发了 Y-7 型低成本半合成分子筛催化剂，还指导研发了渣油裂化、钼镍磷加氢等催化剂，这些炼油工业第二代催化剂的成功研发使中国炼油催化剂水平迎头赶上世界先进水平。20 世纪 80 年代初，为了提高我国石油炼制催化剂在国内市场的竞争力，闵恩泽从战略高度出发，组织人员开始研制具有中国特色和自主知识产权的催化剂，他们的研究主要是对石油炼制和石油化工科技前沿领域方面的新催化材料、新反应工程和新反应等方面开展导向性基础研究，并取得一系列重大突破。1995 年，闵恩泽进入绿色化学的研究领域，成功策划指导开发化纤单体己内酰胺生产的成套绿色技术和生物柴油制造新技术。其中"ZRP-1 分子的开发"被评为 1995 年中国十大科技成就之一。在该项研究成果的基础上，我国成功开发了重油催化裂解制取低碳烯烃新工艺（DCC），实现了石油炼制向石油化工的延伸。闵恩泽因此被称为中国石油化工技术创新的先行者。

三、心系国家发展，成为中国工程科技界楷模

闵恩泽心系国家发展，为中国石化工业的发展做出了卓越贡献，他的一生都在研究石油化工催化剂，硕果累累，在国内外共申请发明专利 205 件。在中国的石油催化研究领域，他是科技创新的催化剂。闵恩泽致力于中国能源产业，根源在于他对事业的不懈追求。20 世纪 60 年代是闵恩泽的人生低谷期，他在身患肺癌被切除两片肺叶和一根肋骨的情况下仍心系科研工作。当科学春天到来的时候，闵恩泽努力推动中国炼油催化剂事业赶超世界先进水平。他先后在催化材料、反应工程、绿色化学、化纤单体生物柴油新能源等领域屡创佳绩。

闵恩泽热爱祖国、尊重科学、开拓创新、敬业奉献，是中国工程科技界的楷模。闵恩泽心系国家发展，为石化工业做出卓越贡献；他专注投入，总能敏锐地领会学术新动态并做出正确选择；闵恩泽点石成金，释放科学技术能量，根源在于他对创新的专注，也在于他对科研人才梯队的培养。他鼓励创新，要求论文有创新点，但思想上允许学生提出异议；他甘为人梯，倾注毕生心血，为我国的石油化工研究培养了一批批科研人才；他淡泊名利，关爱后辈成长，2013 年，他个人捐资 400 万元、中国石化捐资 800 万元，由中国工程院和中国石化联合设立了"闵恩泽能源化工奖基金"。

2007 年度中央电视台《感动中国》组委会给闵恩泽的颁奖词是：在国家需要的时候，他站出来！燃烧自己，照亮能源产业。把创新当成快乐，让混沌变得清澈，他为中国制造了催化剂。点石成金，引领变化，永不失活，他就是中国科学的催化剂！

一、课程思政要素挖掘

1. 爱国情怀

闵恩泽先生把自己的一生都奉献给了我国的石油化工事业。他怀着对祖国的热爱毅然回国，克服重重困难为国家的发展贡献力量。这体现了他强烈的爱国精神，可教育学生树立爱国之志，为国家的繁荣富强而努力学习和奋斗。

2. 创新精神

闵恩泽在催化剂领域不断创新，开创了多项新技术。他勇于探索未知，敢于突破传统，这种创新精神可以激励学生在学习和科研中培养创新思维，勇于尝试新方法、新途径，为推动科技进步做出贡献。

3. 坚韧不拔的毅力

在科研道路上，闵恩泽遇到了无数的困难和挫折，但他从未放弃。他坚持不懈地进行研究，最终取得了重大突破。这种坚韧不拔的毅力可以激励学生在面对困难时不气馁、不退缩，持之以恒地追求自己的目标。

4. 团队合作精神

闵恩泽的科研成果往往是团队共同努力的结果。他注重团队建设，善于发挥团队成员的优势，共同攻克难题。可以培养学生的团队合作意识，让他们明白团队合作的重要性，学会与他人协作，共同完成任务。

5. 社会责任感

闵恩泽的工作不仅为国家创造了巨大的经济价值，也为环境保护做出了贡献。可以教育学生要关注社会问题，培养社会责任感，积极为社会做出贡献，成为有担当的社会公民。

二、融入教育教学的方法

1. 案例教学法

在化学、材料科学等相关课程中引入闵恩泽的事迹作为案例进行分析。通过讲解他的科研历程、创新成果和社会贡献，引导学生思考爱国情怀、创新精神、团队合作等问题。

2. 小组讨论法

组织学生围绕闵恩泽的故事进行小组讨论。设置一些问题，比如"闵恩泽的哪些品质值得我们学习？""我们如何在学习中培养创新精神？"等，引导学生思考和交流，培养他们的团队合作和表达能力。

3. 实践教学法

结合课程内容组织学生进行实验、科研项目等实践活动。在实践中引导学生学习闵恩泽的创新精神和坚韧不拔的毅力，培养他们的实践能力和解决问题的能力。

4. 讲座与报告

邀请专家学者或闵恩泽的同事、学生举办讲座，介绍闵恩泽的生平和贡献，让学生从不同角度了解闵恩泽，感受他的精神魅力。

5. 课外阅读与写作

推荐学生阅读有关闵恩泽的书籍、文章或传记，要求学生撰写读后感或论文。通过阅读和写作加深学生对闵恩泽的认识和理解，提高他们的阅读理解和写作能力。

三、教育教学效果评估

1. 学生反馈

通过问卷调查、课堂讨论、课后作业等方式收集学生对课程中融入闵恩泽思政要素的反馈意见。了解学生对闵恩泽事迹的认识和感受以及对自身价值观和行为的影响。

2. 学习成果评估

考查学生在相关课程中的学习成绩、实验报告、科研项目等成果。分析学生在知识掌握、能力提升和价值观培养等方面的变化，评估课程思政的教学效果。

3. 行为观察

观察学生在日常生活和学习中的行为表现，看爱国情怀是否增强、创新精神的培养有无进展、团队合作意识是否提高等，例如，是否积极参与科研活动、是否主动与他人合作等。通过行为观察进一步评估课程思政对学生的实际影响。

📁 **参考文献** ●⋯⋯⋯⋯⋯⋯⋯⋯⋯⋯⋯⋯⋯⋯⋯⋯⋯⋯⋯⋯⋯⋯⋯

姜涛，葛春华. 化学课程思政元素［M］. 北京：高等教育出版社，2021.

中国著名分析化学家周同惠

周同惠（1924年11月8日—2020年2月23日），中国分析化学、药物分析和色谱学专家，中国科学院院士，中国兴奋剂检测的奠基人。他是中国医学科学院药物研究所研究员，1991年当选为中国科学院学部委员（院士），主要从事药物分析与中草药活性成分分析的基础研究，开展药物代谢及代谢产物的鉴定与分析方法的研究。周同惠长期致力于将分析化学新技术、新方法用于药物分析，成绩显著。他负责筹建的中国兴奋剂检测中心建立了五大类、100种禁用药物的分析检测方法，通过了国际奥委会医学委员会的考试，获得了兴奋剂检测资格，为第11届亚运会的召开做出了突出贡献。

一、首创药物分析新方法

周同惠于1952年8月获得华盛顿大学分析化学专业硕士、博士两个学位。由于朝鲜战争尚未结束，美国政府不允许理工等专业的中国留学生回国。他积极与一些争取回国的留学生取得联系商讨对策。为了回国，他们先后联名写信给当时的美国总统艾森豪威尔和联合国秘书长哈马舍尔德。1955年，他们又联名写信给当时在日内瓦开会的周恩来总理。1955年7月，周同惠克服重重阻力学成回国，同年9月到卫生部中央卫生研究院药物学系（后为中国科学院药物研究所）工作，历任副研究员、研究员、博士生导师、分析研究室主任。他回国后的前几年里，国内的实验条件比较差，许多领域还处于空白状态。为了迅速提高我国药物分析研究工作水平，周同惠克服了重重困难，积极开展了一些新技术新方法应用于合成药和中草药有效成分分析中。

20世纪60年代初，周同惠在负责分析室工作时，制定了分析室两大发展方向：①中草药有效成分分析方法的研究；②新技术新方法在药物分析中的应用。他始终坚定不移、满怀信心地领导全室向着这两个目标探索和前进，经过多年努力建立了四十多种中草药活性成分及合成药物的现代仪器分析方法和质量控制方法。周同惠所领导的研究室在这两方面已具有一定的规模和特色，结出丰硕成果，在我国药物分析与中草药活性成分分析方法学研究方面处于前列。他应用新技术、新方法建立了许多种中草药活性成分及合成药物的分析方法和质量控制方法，为保证用药的安全、有效发挥了重要作用，为中药复杂体系的现代化研究奠定了基础。

二、建功亚运会兴奋剂检测

周同惠开拓的另一个领域是兴奋剂检测工作。1984 年，亚奥理事会决定 1990 年在北京举办第 11 届亚洲运动会。按照规定，中国必须承担运动员的兴奋剂检测任务，而当时亚洲只有日本和韩国通过了考试，具有兴奋剂检测能力。韩国曾为第 10 届汉城奥运会的兴奋剂检测工作筹备十年，耗资上百万美元建立实验室，却因没有通过国际奥委会的考试不得不聘请联邦德国专家主持检测。而作为 1990 年亚运会东道主的中国在这 关键领域上仍是空白。

1985 年，国家体委决定筹建中国自己的兴奋剂检测实验室，按照国际奥委会的规定，这个检测实验室需在 1989 年通过国际奥委会医学委员会的考试并得到承认，才有资格在亚运会时从事兴奋剂检测工作。国家体委为此曾与北京不少单位联系，希望能取得帮助，共同建立此实验室。但由于此项工作难度太大，时间又紧迫，而且要签署责任书，没有单位愿意承建。1986 年夏，国家体委到药物研究所找到周同惠，希望得到帮助。作为仪器分析和色谱学专家，周同惠十分清楚任务的艰巨，意味着中国要在短短 3 年内实现兴奋剂检测能力从 0 到 1 的突破，而国际上筹建兴奋剂检测实验室通常需 8~10 年时间。国际奥委会的考试包括 3 次预考和 1 次正式考试，每次分析 10 个未知尿样，结果必须全部准确无误并要求在 24 小时内报出结果。实验难度相当于在 50 米长、25 米宽、2 米深的游泳池内放入一勺糖后取样化验出含哪一种糖及含量为多少，10 个尿样涉及 100 种兴奋剂，难度可想而知。同时在仪器设备、人员组成、建立的分析方法和方法灵敏度、掌握的标准品、运动员在服药后的阳性尿是否齐全等方面都有一定要求。以上各项都要获得通过才能有资格从事兴奋剂检测工作，其检测结果才为有效。周同惠明白，一旦承担下来就没有退路，但他毫不犹豫地接受了这个任务。他对同事说，中国人举办亚运会能让外国人来做药物检测吗？这是为国争光的任务，也是分析化学工作者的责任。虽然此前周同惠只做过一些分析固醇类含量的代谢物测定工作，但是他没有畏惧。

1986 年 11 月，国家兴奋剂检测中心正式成立，周同惠担任主任。他开始带领药物研究所分析室的一些科研骨干和国家体委体育科学研究所的有关同志一道开始了兴奋剂检测中心的筹建工作。周同惠没有"等、靠、要"，而是以火热激情日夜奋战：亲自过问人员挑选、分组安排、购置仪器、查阅文献、收集资料、收集对照标准品和阳性尿样、参观有关实验室、研究分析检测方法、订购试剂、安装调试仪器等一系列工作，进行了全面的领导和技术指导。从人员的选拔到与国外专家的交流，从研究计划进程到修改检验审核报告，工作的各个关键环节都由周同惠亲自指导严格把关，他的感召力和威望使科研小组显示出极大的凝聚力。兴奋剂检测的主要科研工作是在药物研究所的一间简陋的平房里进行的。一位国际奥委会医学委员会的德国专家考察后，认为中国一年以后也不可能有实验结果，要在三年时间内走完许多发达国家十几年的路几乎是不可想象的。到 1988 年底，经过全体同志的共同努力，在两年多的时间内就建立起刺激剂、麻醉镇痛剂、β-阻断剂、甾体同化激素和利尿剂五大类、100 余种违禁药品及其代谢物的气相色谱、高效液相色谱和色谱-质谱联用的痕量检测与确证方法以及完整的兴奋剂及其代谢物的色谱、质谱数据库。

经过多次测试，1989 年 12 月 8 日，国际奥委会医学委员会兴奋剂和运动生化专业委员会审定考试结果，建议批准中国兴奋剂检测中心为国际奥委会承认的合格实验室。于是，中国成功地建成了世界上第 20 个、亚洲第 3 个、第三世界第 1 个兴奋剂检测实验室。这不仅意味着中国在兴奋剂检测这个高科技领域已占有一席之地，同时也意味着在第 11 届亚运会期间中国可以独立承担兴奋剂检测工作，并能承担包括奥运会在内的一切国际比赛的兴奋剂检测任务。这项工作填补了中国的一个空白，为国家节约了几十万美元，同时也培养出了一批年轻的科研人才。为此，中国兴奋剂检测中心于 1990 年 4 月 13 日受到了卫生部、国家体委和北京市政府的联合嘉奖。亚运会前，中国兴奋剂检测中心从简易平房迁入了亚运村的新楼。1990 年 10 月，周同惠带领团队圆满地完成了第 11 届亚洲运动会的兴奋剂检测任务。他后来谈到这一工作时说，科研人员和运动员一样也要为国家争一口气。周同惠的兴奋剂检测工作同时也推动了先进技术在药物分析和代谢研究的应用，并培养出一批年轻的科研人才。1991 年，他领导的兴奋剂检测研究获国家体委科技进步特等奖。

三、开展药物及代谢产物的分析研究

20 世纪 90 年代，根据工作需要，周同惠将药物代谢研究作为分析室的研究重点之一。1994 年国家科委批准成立了"国家药物及代谢产物分析研究中心"，他被任命为中心主任。

周同惠先生学识渊博，精通英语、法语，被同事们誉为"活字典"；他治学严谨、业务精湛、工作细致、思维敏捷，始终把注意力集中在掌握分析化学最新发展趋势和动态上，长期担任药物研究所分析研究室主任和国家药物及代谢产物分析研究中心主任工作，事事以身作则，为同志们所敬仰；他为人作风正派，平易近人，面对他人的请教倾囊相授；他以坚韧不拔、求实求新精神推动了先进技术在药物分析和代谢研究的应用，为我国药物分析化学的发展以及兴奋剂检测工作做出了卓越的贡献。周同惠认为，药物分析工作者要不断努力充实自己，博采众家之长，紧跟科学的发展和进步，才能充分发挥分析化学作为科学技术的"眼睛"和"先行官"的作用。

一、课程思政要素挖掘

1. 爱国奉献精神

周同惠院士致力于我国分析化学事业的发展，将自己的一生奉献给了科学研究和国家建设。他的爱国情怀和奉献精神可以激励学生树立为国家、为人民服务的理想信念。

2. 科学创新精神

周同惠在分析化学领域不断探索创新，取得了卓越的成就。学习他的科学创新精神可以培养学生的创新思维和实践能力，鼓励他们在学习和研究中勇于突破传统，追求卓越。

3. 严谨治学态度

周同惠对待科学研究严谨认真，一丝不苟。可以教育学生在学习和工作中保持高度的责任心和敬业精神以及严谨治学态度，注重细节，追求真理。

4. 团队合作精神

科学研究往往需要团队合作，周同惠在工作中也注重与他人的合作。可以培养学生的合作意识和沟通能力，让他们学会与他人共同进步，实现更大的目标。

5. 社会责任感

周同惠的研究成果为我国的医药、环保等领域做出了重要贡献，体现了他的社会责任感。可以引导学生关注社会问题，积极为社会发展贡献自己的力量。

二、融入教育教学的方法

1. 案例教学法

在化学、药学等相关课程中引入周同惠院士的事迹作为案例进行分析。通过讲解他的科研成就、创新精神和社会贡献引导学生思考爱国奉献、科学创新、严谨治学等问题。

2. 小组讨论法

组织学生围绕周同惠院士的故事进行小组讨论。设置一些问题，比如"周同惠院士的哪些品质值得我们学习？""我们如何在学习中培养科学创新精神？"等，引导学生思考和交流，培养他们的团队合作和表达能力。

3. 实践教学法

结合课程内容组织学生进行实验、科研项目等实践活动。在实践中引导学生学习周同惠院士的严谨治学态度和创新精神,培养他们的实践能力和解决问题的能力。

4. 讲座与报告

邀请专家学者或周同惠院士的同事、学生举办讲座和报告,介绍周同惠院士的生平和贡献,让学生从不同角度了解周同惠院士,感受他的精神魅力。

5. 课外阅读与写作

推荐学生阅读有关周同惠院士的书籍、文章或传记,要求学生撰写读后感或论文。通过阅读和写作加深学生对周同惠院士的认识和理解,提高他们的阅读理解和写作能力。

三、教育教学效果评估

1. 学生反馈

通过问卷调查、课堂讨论、课后作业等方式收集学生对课程中融入周同惠院士思政要素的反馈意见。了解学生对周同惠院士事迹的认识和感受以及对自身价值观和行为的影响。

2. 学习成果评估

考查学生在相关课程中的学习成绩、实验报告、科研项目等成果。分析学生在知识掌握、能力提升和价值观培养等方面的变化,评估课程思政的教学效果。

3. 行为观察

留意学生在日常生活和学习中的行为表现,观察学生的爱国奉献精神是否得到强化、科学创新精神培养是否取得进展、严谨治学态度是否在逐步养成等,例如是否积极参与科研活动、是否注重实验细节等。通过行为观察进一步评估课程思政对学生的实际影响。

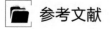 **参考文献** ••

方正军,易兵. 化学化工类课程思政精选案例 [M]. 北京:化学工业出版社,2021.

案例 5

中国环境化学事业铺路人徐晓白

徐晓白（1927 年 5 月 28 日—2014 年 3 月 27 日），江苏苏州人，中国共产党党员，环境化学家、无机化学家，中国科学院资深院士，中国科学院生态环境研究中心研究员、博士生导师、学位评定委员会主任。徐晓白早期从事无机化学研究，方向为卤磷酸钙日光灯荧光材料、稀土高温化合物和某些铀化物的制备；1975 年起主要从事多环芳烃及其衍生物的分析化学、污染化学和生态毒理学研究。先后担任中国化学会理事、中国环境诱变剂学会理事、全国环境监测技术委员会委员、国际环境问题科学委员会（SCOPE）所属化学品安全性评价方法科研组（SGOMSEC）成员、持久性有机污染物（POP）国家技术协调组成员等职务。曾获得中国科学院重大科技成果奖、国家自然科学奖二等奖和三等奖、中国科学院自然科学奖一等奖等奖项。1959 年荣获全国"三八"红旗手称号。徐晓白是中国环境化学学科的主要开创者，她从事科研半个世纪，学术造诣精深，治学态度严谨，为国家环境学研究和环境保护事业发展做出了重要贡献。徐晓白在国内外学术刊物上发表论文 260 余篇（其中 SCI 约 50 篇），译书两本，主编中文专著两部。

徐晓白出生于书香门第，父亲徐祖藩是民国时期交通部吴淞商船专科学校校长，还担任过台北港务管理局局长、招商局总船长等职务，父亲对家里的孩子要求非常严格，从而使徐晓白养成了好读书、求上进的性格和习惯。1944 年，徐晓白从南洋模范中学毕业，以全校第二名的成绩考入了位于上海的交通大学化学系，1948 年毕业后在上海中央研究院化学研究所任职。1949 年开始先后在中国科学院物理化学研究所、中国科学院长春应用化学研究所、中国科学院化学研究所以及中国科学院生态环境中心工作。1975 年以后致力于环境有机毒物的痕量分析、环境行为与生态毒理研究。1980 年前往美国加利福尼亚大学伯克利分校做访问学者；1986 年担任中国科学院生态环境研究中心研究员、博士生导师；1995 年当选为中国科学院院士；1999 年被聘任为持久性有机污染物国家技术协调组成员。2014 年，徐晓白因病医治无效在北京逝世。

一、科研报国：从无机化学到环境化学的跨越

1953 年，徐晓白在柳大纲领导下最先在中国研制成卤磷酸钙新型日光灯荧光料，

她负责制备研究与协调全组工作并向南京灯泡厂推广成功，促进了中国照明事业的发展，这是她科研生涯中第一个成功的项目。

1958年，为了稀土资源的开发和利用，徐晓白开拓了稀土元素二元高温化合物的系统研究，完成了一系列稀土硼化物和若干稀土硫化物等的制备、反应机理、元件成品加工、物理化学性能以及化学行为的研究。徐晓白等制备出的六硼化镧电子发射性能好，曾分别在有关研究所、工厂的大功率电子管和真空电子束焊接机试生产中用作阴极材料，获得满意结果。

20世纪60年代初，徐晓白因配合国家原子能任务的需要，研究了核燃料前处理和后处理中的一些化学问题。例如，她负责四氟化铀到六氟化铀之间的中间氟化物的合成，为氟化动力学研究提供了X射线相分析的标准样品，阐明了氟化工艺的优选条件。

1965年，根据核工业需求，她带领青年同志开展了核燃料干法后处理、氟化挥发法处理铀铝合金元件的工艺研究，组织并参加了模拟元件设计与前期实验，坚持采用化工技术流化床代替搅拌床的正确工艺路线，最终干法后处理小试第一次在中国取得成功。徐晓白也因此获得1978年中国科学院重大科技成果奖三项。1975年，她被派往新成立的中国科学院环境化学研究所，致力于发展环境有机毒物的痕量分析、环境行为与生态毒理研究。

二、开拓创新：环境有机毒物研究的突破

1980年，徐晓白去美国加利福尼亚大学伯克利分校做访问学者。在此期间，她首次报道了从柴油机颗粒物中检出强致癌物2-硝基芴，继而又详细报道了50多种硝基多环芳烃（NO$_2$-PAHs）以及含氧硝基多环芳烃等直接致突变物，这是关于柴油机排放颗粒物环境风险研究的重要突破，成为当时美国有关部门决策是否实施柴油机化的重要依据之一，对其他国家的大气污染研究也有重要参考价值。

1984年，徐晓白等在北京大气飘尘中检测出硝基荧蒽、硝基芘等致癌物，提供了北京若干采样点冬夏两季飘尘中的NO$_2$-PAHs含量；又在中国工业炭黑中检出NO$_2$-PAHs，其中包括强致癌物二硝基芘，由此提出了炭黑工艺条件的改进建议，并指出燃煤排烟也是重要的NO$_2$-PAHs污染源。在多环芳烃方面，她研究了北京不同地区大气飘尘中的PAHs分布与变化规律、PAHs排放与燃煤炉型和煤种关系的研究结果判定：家用小煤炉是PAHs的主要污染源，危害最大；使用型煤是当前较好的一种节能减污措施。此外，她还对柴油掺水、氧化沥青尾气治理等措施的PAHs排污做了评价。

徐晓白等还用生物毒性试验指导的分离分析方法成功地从煤加压气化产生的煤焦油中检出600余种有机物，发现多环芳烃致突变性约占2/3，氮杂环多环芳烃的致突变活性又高于多环芳烃。这些研究结果不仅丰富了环境化学的内容，还对决策部门制定大气质量标准和能源政策以保护环境和人体健康有重要意义。

徐晓白在发展相应有机毒物痕量、超痕量分析技术的同时，还结合生态毒理发展交叉学科，在化学品安全性研究（或称潜在危险性评价）方面组织进行了较深入的工作。为探寻 NO₂-PAHs 在水生生态系统中的行为规律，她较早开展了若干 NO₂-PAHs 的水溶解度和其他理化参数研究，在溶解度、正辛醇-水分配系数、液相色谱容量因子、分子连接性指数、生物富集因子等参数与致突变活性之间建立了一系列定量结构活性关系式，由此推算出多种 NO₂-PAHs 的水溶解度，并预测其致突变性，预测结果与实测结果相符。同时还开展了 NO₂-PAHs 在模拟水生生态系统中生物富集和归趋等研究，发现 2-硝基芴对鱼鳃组织损伤严重。还研究了 NO₂-PAHs 光照后致突变性变化与光解反应产物及其动力学，发现经日光照射后其致突变性有的增大、有的减小，也有的无增减，它们在水中的光解速率大于在模拟大气中的光解速率。此外，还进行了 2-硝基芴生物体外代谢的研究，结果表明还原代谢与氧化代谢产物不同。

徐晓白课题组还应用高灵敏度 ³²P 后标记法研究了 DNA 加合物。经试管反应和动物试验发现，典型有机物苯、苯酚、苯醌、黄曲霉素 B₁、2-硝基芴对 SD 大鼠各主要器官均造成 DNA 加合物损伤。其中有的直接对活体动物 DNA 造成损伤，有的则需经 Aroclor（多氯联苯混合物）诱导，2-硝基芴形成 DNA 加合物的能力相当强，这方面工作将有助于从分子水平上研究和预测环境毒物的潜在致癌性，以深入了解化学致癌机理及其防治。对中国低毒新农药灭幼脲Ⅲ号环境行为的合作研究证明施用该农药不会导致重大地下水污染，但可能出现潜在环境问题：其降解产物邻氯甲酰胺会与 DNA 生成加合物，且 Ames 致突变试验呈阳性。关于某污染事故地区多氯联苯（PCBs）在环境中的分布与模拟生物体系中的行为、在形成 DNA 加合物中的作用、在生物体内的富集规律与若干毒性效应等研究证明 PCBs 已对该地区生态系统造成污染，并可能通过食物链富集等途径影响人体健康。这些研究不仅填补了中国空白，有的在国际上也尚少涉及，为环境毒物的管理控制提供了一定的科学依据。

三、为国献策：推动环保政策与国际公约

1991 年，徐晓白作为主要负责人开展了"八五"国家重大基金项目——"典型化学污染物在环境中的变化及生态效应"，该项目的实施进一步促进了我国环境科学学科的交叉与融合，建立了一套综合研究污染物化学行为和生态效应的方法体系，为阻断及防治相应污染等提供了科学依据，也为国家环保决策部门、环境监理部门等带来了重要的实用价值。这个项目在 1999 年获得中国科学院自然科学奖一等奖，徐晓白为第一获奖人。

1995 年，徐晓白受国家环保局委托开展了中国持久性有机污染物的初步调查，为中国代表团参加有关持久性有机污染物的国际公约谈判提供了重要科学资料。她

根据多年从事持久性有机污染物的研究成果和中国持久性有机污染物环境污染及生态影响现状，组织业内专家，联名给政府上书，呼吁中国尽早加入《关于持久性有机污染物的斯德哥尔摩公约》。2001 年 5 月 23 日，中国政府签署了《斯德哥尔摩公约》，于 2004 年 11 月 11 日正式对中国生效。

四、桃李芬芳：环境化学人才的培育者

徐晓白对培养科技人才尽心竭力，为中国培养了一大批环境化学领域学术带头人和高级专家。她对身边的工作人员和研究生要求严格，善于引导他们开拓前沿性研究，并关心他们的生活。徐晓白一共培养了硕士生 7 人、博士生 40 多人、博士后 3 人，1990 年被评为中国科学院优秀研究生导师。

曾有人称赞徐晓白是成就卓著的巾帼豪杰，她的美好品德让每一位认识她的人都难以忘怀。人生起落，徐晓白都淡然处之。她性格乐观，不论处于何种环境，亲友和学生都几乎没有听过她抱怨。每一个朋友谈起徐晓白，想到的都是她的宽容。每一个晚辈提到她，说起的也都是她的慈爱。徐晓白坚毅的性格、严谨细致的工作作风和勤奋刻苦的科学精神使她在陌生的领域中取得一个又一个突破。"一个向着目标奋进的人，世界也会给他让步！"徐晓白就是这样想的，也是这样做的。徐晓白数十年如一日，辛勤劳动，团结同行，呕心沥血，培养青年，为我国环境化学的发展奠定了坚实的基础，为"科教兴国"做出了杰出的贡献。从无机到有机，从稀土到环保，她的人生是跨越的一生，也是执着坚定、勇攀高峰的一生。

 教学分析 ••

一、课程思政要素挖掘

1. 爱国奉献精神

徐晓白放弃国外优厚待遇，毅然回国投身环境化学研究。当时国内科研条件艰苦，但她怀揣着对祖国的热爱，将个人理想与国家环境事业紧密结合，在艰苦环境中扎根研究，为解决我国环境问题倾尽全力。这一事迹能引导学生树立家国情怀，培养他们的爱国意识，让学生明白个人发展应与国家命运同频共振，激发学生为国家建设奉献力量的责任感。

2. 科学探索精神

在环境化学研究领域，徐晓白面对诸多未知难题，始终保持着对科学的好奇心和探索欲。她不断尝试新的研究方法和技术，深入研究污染物的迁移转化规律等复杂问题。这种科学探索精神能够激励学生在学习和科研过程中勇于挑战未

知，不畏惧困难，培养学生的创新思维和探索精神，引导他们积极主动地追求科学真理。

3. 坚韧不拔的意志

徐晓白在科研道路上遭遇了无数挫折，包括科研条件匮乏、研究进程受阻等。但她从未放弃，凭借着坚韧不拔的意志克服重重困难，最终在环境化学领域取得了卓越成就。她的经历可教育学生在面对学习和生活中的困境时要保持坚定的信念和顽强的毅力，培养学生百折不挠的品质。

4. 学术道德与责任感

徐晓白在科研工作中始终秉持严谨的学术态度和高尚的学术道德，坚持实事求是的原则，对每一个研究数据都认真核实。她深知环境化学研究关乎环境保护和人类健康，肩负着重大社会责任。这种学术道德和责任感能够教育学生树立正确的学术价值观，培养学生的诚信意识和对社会的责任感，让学生明白科研工作者的使命与担当。

二、融入教育教学的方法

1. 课堂讲授融入法

在化学专业课程中，当讲解环境化学相关理论知识时适时引入徐晓白的科研故事。例如，在讲解污染物分析方法时讲述徐晓白如何克服困难建立适合我国国情的污染物检测技术体系，将她的爱国奉献精神、科学探索精神与专业知识紧密结合，使学生在学习专业知识的同时，受到思政教育的熏陶，增强学习的动力和使命感。

2. 案例分析教学法

选取徐晓白的典型科研案例，例如她主导的某区域环境污染治理项目，组织学生进行案例分析。让学生分组讨论在项目中徐晓白所展现出的科研精神、面临的困难及解决方法，引导学生思考如果自己处于类似情境会如何应对，培养学生解决问题的能力和科学思维，同时强化学生的学术道德和责任感。

3. 专题讲座与研讨

邀请相关领域专家或徐晓白的学生举办专题讲座，深入介绍徐晓白的科研生涯和学术成就。讲座后组织学生进行研讨交流，鼓励学生分享自己的学习感悟和体会，引导学生从徐晓白的事迹中汲取精神力量，树立正确的人生观和价值观。

4. 实践教学结合

在环境化学实验、野外实习等实践教学环节中以徐晓白为榜样，鼓励学生认真对待实验操作和野外调研工作。当学生在实践中遇到困难时引导他们学习徐晓白坚韧不拔的意志，努力克服困难，同时强调在实践过程中要坚守学术道德，保证数据的真实性和可靠性。

三、教育教学效果评估

1. 学生学习态度与行为观察

通过课堂表现、小组讨论参与度、实践活动积极性等方面观察学生的学习态度和行为变化。观察学生是否在了解徐晓白的事迹后对专业学习表现出更浓厚的兴趣，是否在学习和实践中更加积极主动，勇于面对困难和挑战，以此评估课程思政对学生学习动力和态度的影响。

2. 课程考核评价

在专业课程考核中设计与思政要素相关的开放性试题。例如，让学生结合徐晓白的事迹阐述自己对科研工作者社会责任的理解，或者分析科学探索精神在环境化学研究中的重要性等。通过学生的答题情况评估学生对思政内容的理解和掌握程度以及能否将思政要素与专业知识进行有效融合。

3. 问卷调查与访谈

定期开展问卷调查，了解学生对课程思政融入教学的满意度以及徐晓白的事迹对他们思想观念和价值观的影响。同时，选取部分学生进行访谈，深入了解学生在学习过程中的内心感受和收获，收集学生的意见和建议，以便及时调整和优化教学方法和内容，提高课程思政的教育教学效果。

4. 长期跟踪评估

对学生进行长期跟踪，了解他们在毕业后的职业发展和社会生活中，是否能够践行从徐晓白事迹中汲取的精神品质，比如是否在工作中保持爱国奉献精神、科学探索精神和高度的责任感等。通过这种长期跟踪评估，全面评价课程思政教育对学生的长期影响和教育教学的实效性。

参考文献

[1] 叶俊伟. 化学化工课程思政素材选编 [M]. 北京：化学工业出版社，2025.

[2] 胡晓菁，黄艳红. 追忆徐晓白院士和她的化学人生 [N]. 中国科学报，2014-7-18.

献身废水处理新技术的钱易

钱易（1936年12月27日—），江苏苏州人，清华大学环境科学与工程系教授，中国工程院院士，我国著名的环境工程专家和环境教育家，清华大学学术委员会主任。钱易数十年来致力于研究开发适合我国国情的高效、低耗废水处理新技术和难降解、有毒有害工业废水处理工艺技术，以及清洁生产与循环经济的研究与推行等工作，为水资源开发与可持续利用贡献了新理论与方法，为中国水污染防治做出了重要贡献。她参与并推动了《中华人民共和国清洁生产促进法》《中华人民共和国循环经济促进法》的制定和施行，为中国环境保护事业的发展做出了杰出贡献，曾兼任中国科学技术协会副主席、全国人民代表大会环境与资源保护委员会副主任。她在国际学术界与国际环境领域享有较高声誉，在多个权威国际学术组织担任重要职务，曾任世界工程组织联合会副主席。1994年当选为中国工程院院士，2000年被选为富布赖特杰出学者，2007年获得第三届高等学校教学名师奖，2009年获得"清华大学突出贡献奖"，2015年在"寻找最美教师"公益活动中获得"最美教师"荣誉称号，2017年获得"全国教书育人楷模"称号。钱易在国内外杂志和学术会议上发表了360余篇学术论文，独立和合作完成16部著作，获国家科技进步奖二等奖3次、三等奖1次，国家技术发明奖三等奖1次，国家教委科技进步奖一等奖2次、二等奖2次，中国科学院自然科学奖一等奖1次。

一、科技报国：高效低耗废水处理技术的开拓者

钱易本科毕业于上海同济大学卫生工程专业。毕业时曾志愿到祖国大西北建功立业的她被清华著名环境工程专家陶葆楷教授相中，成为他门下弟子，没想到这一选择竟影响了她的一生。从此，她与环保事业结下了不解之缘。1959年，钱易以优异成绩毕业并留校任教后作为陶教授的助手开始了对水污染防治的研究。

20世纪70年代，已近不惑之年的钱易以只争朝夕的精神致力于研究开发高效低耗的废水处理技术，在工业废水处理与城市废水净化等领域不舍昼夜地工作，取得了令国际环境工程界瞩目的成果。

"人类在发展过程中必须与自然和谐相处，经济发展必须同环境保护相协调，我们追求今天的进步绝对不能损害后代人的利益。这就是可持续发展战略要求我们的，我们应该进行的是既满足当代人类需要又不致损害未来人类满足其需要能力的发展。"数十年来，钱易一直致力于研究开发适合中国国情的高效、低耗废水处理新技术，对难降解有机物生物降解特性、处理机理及技术进行了卓有成效的研究，为水资源开发与可持续利用贡献了新理论与方法，也为中国水污染防治做出了重要贡献。

1981年，钱易翻译出版了《实用废水处理系统》。1981—1983年间，她以清华大学副教授的身份在美国康奈尔大学做访问学者。1987年出版专著《水污染及其防治》。至今，钱易已出版专著、译著共18部。1994年，钱易当选为中国工程院院士，成为清华大学当时唯一的女工程院院士。

二、育人树人：环境教育与可持续发展理念的传播者

投身教育事业半个世纪以来，钱易以自强不息的奋斗精神、厚德载物的大师风范影响和培养了我国环境科学与工程领域的几代人，造就了一大批学术骨干。作为中国高等院校环境保护与可持续发展素质教育的先行者，钱易是清华大学倡导"建设'绿色大学'"的第一人，她开设的"环境保护与可持续发展"课程被评为国家级精品课程，为我国环境科学与工程教育事业的发展做出了重要贡献。

"大学生作为未来国家建设的栋梁，肩负着历史的重任。在学生时代就应增强环境保护与可持续发展的意识，树立环境伦理观，加强对社会和地球的责任感，掌握实施可持续发展战略的法律、政策和技术。环境保护与可持续发展这门课就是为此目的而开设的，我们教师把上好这门课作为自己对社会的一份贡献，作为落实科学发展观的实际行动。"为了与课程配套，钱易带领课题组与北大教师共同编写了《环境保护与可持续发展》教材，又制作了29集大型系列音像教学片。开设环保领域公选课以强化大学生的环保意识，这种思路后来被国内多所院校采用。可以说，钱易参与主讲的这门课程和主持编写的这套教材在国内环保领域开创了先河，起到了重要的示范和引领作用。

作为我国著名的环境工程专家，钱易已经致力于环保研究50年。她是优秀的教育家，课堂上的辛勤耕耘换来的是桃李满天下；她科研攻坚时有钢铁般的意志，对待学生时却有慈母般的心肠；她身躯娇小，却是中国环境研究领域的一面旗帜。怀着对学生由衷的爱，钱易走过了春夏秋冬，走过了花开花落。对清华的莘莘学子，钱易谆谆寄语："年轻人要把祖国和社会的需要作为自己的理想和志愿，任何时候这个理念不能丢。"2015年，在钱易八十寿辰时，她的学生们发起并捐资成立了"钱易环境教育基金"，依据该基金设立了"钱易环境奖"，宗旨是激励中国积极践行环境公益、脚踏实地开展创新研究的优秀学生。

一、课程思政要素挖掘

1. 家国情怀与社会责任

钱易院士数十年来致力于研究开发适合我国国情的高效、低耗废水处理新技术，其背后蕴含着深厚的家国情怀。在课程中可挖掘这一思政要素，让学生明白钱易院士投身科研是为了解决国家面临的实际环境问题，肩负起改善生态环境、推动国家可持续发展的社会责任。例如，讲述在我国早期污水处理技术落后，面临严峻水污染问题时，钱易院士毅然投身相关研究，为国家水污染防治工作贡献力量，激励学生树立为国家环保事业奋斗的志向。

2. 科学精神与创新意识

在对难降解有机物生物降解特性、处理机理及工艺技术的研究过程中，钱易院士必然经历无数次实验失败与理论推导的挫折，但依然坚持不懈，这体现出追求真理、严谨治学的科学精神。同时，不断探索新技术、新方法，致力于开发适合国情的污水处理技术，展现出创新意识。比如在厌氧技术研究中，面对沼气池密闭等难题，积极探索解决方案，推动技术发展，引导学生在学习和科研中不怕困难、勇于创新。

3. 可持续发展理念

近年来，钱易院士投入大量精力研究可持续发展战略及政策，促进中国的清洁生产、循环经济、水资源的可持续管理和生态文明建设。在课程教学中融入这一理念，使学生认识到环境保护与经济发展并非对立，而是相互促进的关系，树立可持续发展的价值观，在未来工作中践行绿色发展理念。

二、融入教育教学的方法

1. 案例教学法

在课堂上引入钱易院士研究工作中的实际案例，例如她在某个废水处理项目中的研究过程、遇到的问题及解决方法。以某食品工业废水处理项目为例，分析钱易院士团队如何针对食品废水有机物含量高的特点，研发出高效的生物处理工艺，在解决污染问题的同时实现资源回收利用。通过详细剖析案例让学生不仅学习到专业知识，还能体会到背后蕴含的科学精神、家国情怀以及可持续发展理念。

2. 专题讲座

邀请钱易院士或熟悉其研究工作的专家开展专题讲座，分享她的科研经历、学术成果以及对环境领域发展的见解。在讲座中设置互动环节，让学生提问交流，近距离感受院士的人格魅力和学术风范，激发学生的学习兴趣和责任感。例如，开展"钱易院士与中国废水处理技术发展"专题讲座，讲述她在不同时期对废水处理技术发展的推动作用，引导学生思考自己在环保事业中的责任。

3. 小组讨论

布置与钱易院士研究相关的讨论主题，比如"从钱易院士的研究看可持续发展理念在废水处理中的应用"，让学生分组讨论。在讨论过程中，学生需要分析院士的研究成果如何体现可持续发展以及如何将这些理念应用到未来工作中。通过小组讨论，培养学生的团队协作能力、批判性思维能力，同时加深学生对思政要素的理解。

三、教育教学效果评估

1. 学生反馈调查

通过问卷调查、课堂讨论、课后交流等方式收集学生对课程思政融入的反馈。问卷可设置如"通过学习钱易院士相关内容，你对家国情怀和社会责任的理解是否加深""是否激发了你对科研的兴趣和创新意识"等问题，了解学生对思政要素的接受程度和思想变化。

2. 作业与考试考核

在作业和考试中设置与思政相关的题目，考查学生对思政要素的掌握程度和运用能力。例如要求学生在论述废水处理新技术发展趋势时，结合可持续发展理念进行分析；或者让学生以钱易院士的科研精神为主题，写一篇短文阐述对自己学习和未来职业规划的影响。

3. 行为观察

观察学生在学习和生活中的行为变化，比如是否更加关注环境问题、积极参与环保活动，是否在团队合作中展现出更强的责任感和协作精神等。通过这些行为表现评估课程思政对学生价值观和行为的影响。

📁 **参考文献** •···

［1］鞠美庭. 环境类专业课程思政教育内容选编［M］. 北京：化学工业出版社，2022.

［2］孙建强，周珊珊. 环境专业课程思政教学设计案例［M］. 杭州：浙江大学出版社，2022.

［3］周天舒. 生态环境专业课程思政教学指南［M］. 上海：华东师范大学出版社，2021.

中国森林生态定位研究先驱与
绿色文明守护者蒋有绪

蒋有绪（1932 年 5 月 21 日—），出生于上海市，原籍江苏省南京市，森林生态学家，中国林业科学研究院森林生态与保护研究所研究员、博士生导师，中国森林生态学的奠基人之一，中国科学院院士，长期从事大然林区综合考察及研究，先后发表论文、专著近 100 篇，译著 5 本，以其深厚的学术造诣和扎实的科研精神为中国森林生态研究和绿色文明建设做出了重大贡献。作为我国著名的森林群落学家和林型学家，他长期致力于森林生态系统结构与功能、森林地理学、生物多样性以及森林可持续经营等研究领域。他以"用脚丈量科学"的精神将理论与实践深度结合，推动中国林业管理从传统模式向生态化、科学化方向转型，为我国森林生态系统研究和生态文明建设奠定了坚实基础。蒋有绪曾荣获林业部科技进步奖一等奖、国家科技进步奖三等奖、环境保护科学技术进步奖一等奖、国家环境科技进步奖一等奖等。

一、艰苦卓绝的科研之路：从实践到理论的开创性探索

蒋有绪的科研生涯充满艰辛，他长期深入野外考察和研究，足迹遍布中国的山山水水，甚至人迹罕至的林区和荒漠。这种扎实的野外工作精神是他取得丰硕科研成果的重要基础。

1. 森林分类体系的革新突破

蒋有绪在森林分类体系方面取得了开创性的重大突破。通过对海南岛尖峰岭热带林生态定位站的深入研究，结合对热带林结构与功能的深刻认识，他打破了苏联学派的理论框架，提出了我国森林群落的二元分类系统，即"亚建群种层片"和"生态种组"，构建了中国首个统一的森林分类系统。他首次将林下植被的生态指示功能纳入分类维度，并发现亚建群层通过凋落物结构影响群落演替方向。这一具有里程碑意义的研究成果被载入《中国山地森林》专著，并荣获 1991 年国家科技进步奖三等奖，成为天然林研究的重要指引。

2. 生态定位研究的先驱实践

1960年，蒋有绪在四川米亚罗镇建立了中国首个森林生态定位站，这标志着我国亚高山针叶林多学科综合研究的开端。通过长期的连续观测，他惊讶地发现，原始林年蓄水量高达2500吨/公顷，而采伐迹地的蓄水量骤降至800吨/公顷。这一关键数据直接推动了1981年《人民日报》的专题报道，首次在全国层面提出了"长江上游应转型为水源涵养区"的科学观点，为国家启动宏大的长江防护林工程奠定了坚实的科学基础。

3. 热带雨林保护的破局之举

1980年，蒋有绪院士及其团队在海南岛尖峰岭热带林区试验站开始生态定位观测研究，开展了热带群落特征、采伐更新演替、生态系统功能、刀耕火种后果和经营管理等多学科研究，深入揭示了热带雨林的巨大生态价值。他们发现，原始雨林的碳储量高达350吨/公顷，而遭受刀耕火种破坏后的土地仅剩40吨/公顷。结合1981—1983年参与的"海南岛大农业建设与生态平衡"综合考察，蒋有绪等向中央提交了考察报告，阐述了海南岛长期可持续发展的战略方向和发展途径。这份考察报告引起了中央领导的重视，极大地推动了海南岛在全国率先对热带森林实施禁伐，发展有特色的农业、林业、生物产业和生态旅游业。"海南岛尖峰岭热带林生态系统研究"成果也荣获1990年林业部科技进步奖一等奖，并成为全球热带林保护的典范。

二、理论创新与应用实践：从科学认知到国家生态治理

1. 天然林保护工程的总设计师

蒋有绪是具有里程碑意义的天然林保护工程的主要倡导者和理论奠基人之一。他主导提出的"三阶段修复理论"（即禁伐止损-生态恢复-可持续经营），被正式纳入2000年《天然林保护修复制度方案》。得益于这一工程的实施，20多年间，长江、黄河流域的土壤侵蚀模数下降超过60%，生物多样性指数提升35%。其团队研发的森林健康评价指标体系，为全国4.3亿亩（15亩=1公顷）天然林的科学管护提供了重要指导。

2. 生态系统服务价值的量化先驱

1990年，蒋有绪主持国家自然科学基金重大项目"中国森林生态系统结构与功能"，联合全国18个生态定位站首次对中国森林生态系统服务总价值进行了系统评估，结果高达10万亿元/年。这一具有突破性的数据彻底改变了社会对森林仅仅是"木材资源"的传统认知，极大地提升了对森林生态功能的重视程度，直接推动了生态补偿机制写入《中国自然保护纲要》。

3. 青藏高原生态屏障的守护者

青藏高原是"中华水塔"，其生态安全关乎全国乃至亚洲的可持续发展。2007年，蒋有绪牵头制定了《青藏高原原生植被保护与恢复战略研究》，创造性地提出了"气候-地形-生物协同保护模型"。通过限制过度放牧、建立生态补偿机制等措施使三江源区草地退化率下降40%，雪豹栖息地连通度提升45%，为守护这一重要的生态屏

障做出了杰出贡献。

三、推动生态文明建设：从标准制定到全球治理

作为中国科学院院士，蒋有绪积极参与国家环境保护和生态文明建设的决策咨询工作。他多次向国家提出具有战略意义的关于环境保护和可持续发展的建议，为国家环保政策的制定提供了重要的智力支撑。

1. 对生态系统服务功能价值的倡导与实践

蒋有绪是中国最早倡导和研究生态系统服务功能价值的科学家之一。他深刻认识到，传统的经济发展模式往往忽视了生态环境的内在价值，导致环境被破坏。他强调，森林、湿地、草原等生态系统不仅具有重要的生态功能，更向人类提供了水源涵养、空气净化、气候调节、生物多样性保护等多种不可或缺的服务。这些服务具有巨大的价值，必须纳入经济发展的考量中。

蒋院十的倡导极大地提高了社会各界对生态系统服务功能价值的认识，有力推动了国家在生态补偿、生态效益评价等方面的研究和实践。例如，中国已开始在一些重要生态功能区实施生态补偿机制，通过财政转移支付等方式对为保护生态环境做出贡献的地区和人群进行补偿。这有助于传统的"谁污染谁付费"模式向"谁受益谁补偿"转变，促进生态环境保护与经济发展的协调统一。

2. 关于气候变化对森林生态系统影响的研究与国际合作

作为国际林联亚高山生态组首位中国籍主席（1985—1993 年），蒋有绪积极参与国际林业合作与交流。他主导修订了《蒙特利尔进程》森林可持续经营标准，创新性地引入了"社区共管指标"，推动了全球 1.2 亿公顷社区林的科学管理。他提出的"西南亚高山区系形成三过程理论"被写入《全球生物多样性评估报告》，为全球应对气候变化、保护森林资源提供了重要的科学依据。

他促成中俄共建阿尔泰山跨境生态站并联合发布了《全球温带森林可持续经营指南》，为全球森林可持续经营提供了重要参考。他培养的 27 名留学生中有 12 人成为越南、尼泊尔等国生态部门负责人，为全球生态治理贡献了中国智慧和力量。2021年，其团队研发的"动态膜生物反应器技术"成功应用于斯里兰卡科伦坡的污水处理，使当地污水处理成本降低了 35%，展现了中国环保技术的国际影响力。

四、育人不辍：培养新一代环保人才

1964—1978 年，即便研究工作被迫停止，蒋有绪的求知与育人热情也从未熄灭。白天辛勤劳动，夜间他冒着风险秘密翻译了美国的《生态学实验手册》。这部来之不易的译著后来成为改革开放后的首批高校教材之一，填补了国内空白；同期整理的《中国山地森林》手稿也成为恢复高考后林业院校的核心教材。

除了自身的科研工作，蒋有绪将人才培养视为己任，倾注了大量心血。他提出了极具前瞻性的"三维知识体系"教育理念并首创了"定位站-实验室-野外基地"三位一体的创新培养模式，将理论学习、实验研究与艰苦的野外实践紧密结合。他要求博士生必须修习环境伦理学与国际政治课程，拓宽学生的视野和人文关怀。此外，他组织学生连续 20 余年开展"生态苦旅"徒步考察活动，磨砺学生的意志和实践能力。通过这种独特的培养方式，他为中国的生态学研究和环境保护事业输送了大量优秀人才，培养了多位国家杰出青年和省级林科院院长，形成了具有鲜明特色的"中国森林生态学派"，为我国生态文明建设注入了源源不断的活力。

五、绿色丰碑：从科学认知到文明觉醒

蒋有绪的杰出贡献得到了国内外学术界的广泛认可。他曾荣获多项国家和省部级重要奖励，并担任多个重要学术组织的职务。他的学术思想和研究成果对中国乃至全球的森林生态学研究和生态环境保护产生了深远影响。即便已是 93 岁高龄，他依然心系科研，指导着"青藏高原森林线演变"项目。2024 年，他将毕生积蓄 500 万元全部捐赠设立"青年生态学者创新基金"，激励后辈继续探索"双碳"目标下森林生态系统的响应机制，展现了一位科学家无私的奉献精神。

从川西密林中的第一个森林生态定位站到联合国讲坛上提出具有中国智慧的全球生态治理方案，从长江洪灾后的警世之言到力推天然林保护这一国之重策，蒋有绪用他 70 多年的科研生涯深刻诠释了"把论文写在祖国大地上"的崇高内涵。这位九旬院士仍在续写的科学传奇不仅是中国生态治理的智慧结晶，更是人类与自然和谐相处的东方答卷。这位跨越世纪的科学家用黄土地里的数据密码书写着中华民族永续发展的绿色篇章，为后世留下了宝贵的精神财富和绿色丰碑。

蒋有绪作为森林生态学科领军人，以发展中国森林生态科学事业为己任，敢为人先，默默奉献，桃李满天下。他为人谦和，人生的磨难铸就了他豁达、洒脱及乐观的精神境界。蒋有绪勇于站在世界科技前沿，面向经济主战场、面向国家重大需求，他的科研经历很好地诠释了与祖国同行的科学家精神。他脚踏实地、攻坚克难，践行了"林科精神"。他治学严谨，注重方法论，弘扬了务实求真作风。他传道授业，甘为人梯，展现了师者风范。

 教学分析 •••••••••••••••••••••

一、课程思政要素挖掘

1. 科学精神与家国情怀
蒋有绪院士毕生致力于中国森林生态定位研究，从 20 世纪 50 年代起，他深入

祖国的深山老林，克服交通不便、环境恶劣、物资匮乏等重重困难，长期扎根一线开展森林生态研究工作。这种将个人科研理想与国家生态保护需求紧密结合、以国家利益为先、不畏艰难险阻、投身科研事业的精神，深刻诠释了家国情怀与科学精神的高度统一，是培养学生树立正确价值观和家国担当的生动素材。例如，他在东北长白山、西南横断山脉等地建立森林生态定位站，填补了我国森林生态研究的多项空白，用实际行动彰显了科研工作者为国家生态安全保驾护航的责任担当。

2. 生态文明理念与绿色发展观

作为绿色文明守护者，蒋有绪院士提出了一系列具有前瞻性的森林生态保护和可持续发展理念。他倡导森林生态系统的科学经营，强调人与自然和谐共生，推动森林资源的合理利用与保护，为我国生态文明建设提供了重要的理论支撑和实践指导。其学术思想中蕴含的生态文明理念与当前我国"绿水青山就是金山银山"的绿色发展观高度契合，能够引导学生深刻认识生态环境保护的重要性，树立正确的生态价值观，增强建设美丽中国的使命感。

3. 团队协作与奉献精神

森林生态定位研究是一项庞大而复杂的系统工程，需要众多科研人员协同合作。蒋有绪院士在科研生涯中注重培养和带领科研团队，凝聚集体智慧和力量。他甘为人梯，无私地将自己的知识和经验传授给年轻一代科研工作者，为我国森林生态研究领域培养了大批优秀人才。这种团队协作精神和奉献精神对于培养学生的集体意识、合作能力以及无私奉献的品格具有重要的教育意义。

4. 严谨治学与创新意识

在科研工作中，蒋有绪院士始终秉持严谨治学的态度，对森林生态研究的每一个数据、每一个结论都反复验证，力求准确无误。同时，他不断开拓创新，在森林生态系统分类、森林生态服务功能评估等方面取得了创新性成果，推动了我国森林生态学的发展。其严谨的治学态度和创新意识能够激励学生在学习和科研过程中脚踏实地、追求真理，勇于突破传统思维，培养创新能力。

二、融入教育教学的方法

1. 课堂讲授融入

在相关专业课程（例如生态学、森林生态学等）的教学过程中，教师可以结合课程内容适时引入蒋有绪院士的科研事迹和学术思想。例如，在讲解森林生态系统的组成和功能时介绍蒋有绪院士建立森林生态定位站的过程和意义以及他在森林生态系统分类方面的研究成果；在讲授生态保护与可持续发展时阐述蒋有绪院士提出的绿色发展理念和实践案例。通过生动的故事讲述和学术分析，将思政要素自然地融入专业知识教学中，使学生在学习专业知识的同时，受到思政教育的熏陶。

2. 案例分析讨论

选取蒋有绪院士的典型科研案例,组织学生进行深入的案例分析和讨论。例如,以他推动的森林生态服务功能评估项目为例引导学生思考该项目对我国生态文明建设的重要意义以及在实施过程中所面临的困难和挑战。让学生分组讨论,分析蒋有绪院士及其团队是如何运用科学方法解决问题的,在这个过程中体现了哪些科学精神、团队协作精神和创新意识。通过案例分析讨论,培养学生分析问题、解决问题的能力,同时强化学生的思政认知。

3. 邀请专家讲座

邀请与蒋有绪院士有过合作的科研人员或熟悉其科研工作的专家学者到学校举办讲座。专家可以从亲身经历出发,分享与蒋有绪院士共事的故事和感受,讲述蒋有绪院士在科研工作中的点点滴滴,包括他的科研态度、学术思想以及对年轻科研工作者的指导和帮助。这种面对面的交流方式能够让学生更加直观、深刻地了解蒋有绪院士的精神品质,增强思政教育的感染力和说服力。

4. 实践教学结合

在实践教学环节,例如野外实习、科研项目实践等,将蒋有绪院士的科研精神和生态文明理念融入其中。例如,在组织学生到森林生态定位站进行实习时,介绍该定位站的建立过程和蒋有绪院士在其中发挥的重要作用,让学生亲身体验森林生态研究工作的艰辛与重要性。同时,引导学生在实践过程中践行生态文明理念,注重生态保护,培养学生的实践能力和社会责任感。

5. 多媒体资源运用

利用多媒体资源制作关于蒋有绪院士科研事迹的视频、图片集等教学资料。通过播放视频纪录片、展示珍贵图片和学术成果等方式,全方位、多角度地呈现蒋有绪院士的科研生涯和精神风貌。此外,还可以引导学生利用网络资源自主查阅蒋有绪院士的相关资料,撰写学习心得,加深对思政要素的理解和感悟。

三、教育教学效果评估

1. 学生学习反馈

通过课堂提问、课后作业、小组讨论等方式了解学生对蒋有绪院士相关课程思政内容的学习反馈。观察学生在讨论过程中对科学精神、家国情怀、生态文明理念等思政要素的理解和表达,评估学生是否能够将这些思政要素与专业知识相结合,形成正确的价值观和职业素养。同时,收集学生的书面学习心得和体会,分析学生在思想认识上的变化和提升。

2. 行为表现观察

在日常学习和生活中观察学生的行为表现,评估课程思政教育的实际效果。例如,关注学生在实践教学、科研项目中的团队协作能力和奉献精神,以及对生态环境保护的意识和行为。看学生是否能够在实际行动中践行蒋有绪院士所倡导的科学精神、团队协作精神和生态文明理念，是否表现出更强的社会责任感和家国担当。

3. 考核评价体系

将课程思政内容纳入课程考核评价体系，设计专门的思政考核指标。例如，在课程考试中设置与蒋有绪院士科研事迹和思政要素相关的论述题，考查学生对科学精神、家国情怀、生态文明理念等内容的理解和掌握程度；在实践考核中评估学生在实践过程中体现出的团队协作能力、奉献精神和生态保护意识等。通过综合考核评价，全面、客观地评估学生在思政教育方面的学习成果。

4. 长期跟踪调查

对学生进行长期跟踪调查，了解课程思政教育对学生的长远影响。在学生毕业后，通过问卷调查、访谈等方式了解他们在工作岗位上是否能够秉持蒋有绪院士的科学精神和家国情怀，是否能够将生态文明理念融入实际工作中，为国家生态环境保护事业做出贡献。通过长期跟踪调查，不断总结和改进课程思政教育教学方法，提高教育教学质量。

📁 **参考文献** •┈┈┈┈┈┈┈┈┈┈┈┈┈┈┈┈┈┈┈┈┈┈┈┈┈┈┈┈┈┈┈┈┈┈┈┈┈┈┈

［1］鞠美庭. 环境类专业课程思政教育内容选编［M］. 北京：化学工业出版社，2022.

［2］孙建强，周珊珊. 环境专业课程思政教学设计案例［M］. 杭州：浙江大学出版社，2022.

［3］周天舒. 生态环境专业课程思政教学指南［M］. 上海：华东师范大学出版社，2021.

解码地球文明的战略科学家丁仲礼

丁仲礼（1957年1月一），浙江嵊州人，中国科学院院士，杰出地球科学家，国际第四纪研究联合会第三纪/第四纪界限工作组成员，主要从事新生代地质与环境研究，以第一作者发表论文近百篇，其中SCI论文约30篇，有关成果被SCI刊物引用近1000次。现任全国人大常委会副委员长、民盟中央主席、欧美同学会会长。他长期深耕于古环境变化和气候变化研究领域，并在国家气候变化应对政策制定中发挥了重要作用，以严谨求实的科学精神、独立思考的学术风骨以及对国家利益的坚定守护在科学界和社会上产生了广泛而深远的影响。

一、古环境变化与气候变迁的科学探索：黄土高原上的气候解码者

丁仲礼在第四纪地质学和古气候学领域做出了系统性、原创性的杰出贡献。他通过对中国黄土高原等地质记录的深入研究，成功揭示了地球历史时期气候变化的规律和驱动机制，为理解现代气候变化提供了至关重要的背景信息。

丁仲礼深耕第四纪地质学四十余载，通过对黄土高原多个关键剖面（如宝鸡、灵台、泾川）的系统性研究，首次在陆相沉积物中建立了精确的地球轨道时间标尺。他将中国黄土地层精细划分为37个土壤地层单位和110个次级单位，构建了迄今为止全球最完整、最连续的黄土粒度"集成时间序列"。这一具有里程碑意义的工作，首次从陆相第四纪沉积中建立了2.6Ma（百万年）以来的地球轨道时间标尺，并深刻揭示了东亚季风变迁与冰期-间冰期旋回的内在关联。其研究成果被国际著名期刊 *Paleoceanography*（《古海洋学》）高度评价为"迄今为止最好、最连续的陆相第四纪沉积气候变化记录"。

1. 黄土高原记录的第四纪气候变化研究的里程碑

黄土高原作为中国最重要的第四纪沉积区之一，其黄土-古土壤序列是研究地球过去气候变化的天然宝库。丁仲礼长期致力于对这一宝库的深度挖掘与解码。通过分析第三纪红黏土的沉积特征，丁仲礼团队创造性地证实其风成成因，成功将中国黄土高原连续的风尘沉积历史从260万年上推至700万年，为研究晚第三纪气候演

变提供了关键性证据。其团队发表的《中国黄土记录的古气候演化》研究成果被国际权威期刊《自然》誉为"解码东亚气候历史的里程碑"。他提出的古季风理论被国际第四纪研究联合会广泛采纳,成为全球气候变化研究的重要参考。基于对黄土高原特殊性质的研究,他进一步提出了利用干旱区碱性土壤的钙离子固碳机制,通过人工干预增强自然碳汇能力的创新性设想为应对气候变化提供了潜在的解决方案。

丁仲礼及其团队在黄土高原古气候研究方面取得的一系列重大成果极大地丰富了人类对地球历史时期气候变化的认识,为理解现代气候变化提供了宝贵的背景信息和可类比的参照对象。他们的研究不仅为古气候学的发展做出了卓越贡献,更在国际上产生了广泛而深远的影响。丁仲礼提出的"全球冰量驱动东亚古季风变化"理论深刻揭示了冰期-间冰期旋回与季风变迁之间的关联机制。其团队发现中国北方风力强度变化与米兰科维奇周期高度同相位,尤其在 10 万年偏心率周期上表现为冰盛期风力最强。这一突破性发现不仅发表于 *Quaternary Research*(《第四纪研究》)、*Annual Review of Earth and Planetary Sciences*(《地球与行星科学年度评论》)等国际顶尖期刊,更成为全球气候变化模型的核心参数,为预测未来气候变化提供了坚实的科学依据。

2. 地球气候系统演化与驱动机制的创新

除了黄土高原的研究,丁仲礼也将视野投向全球尺度,深入探索地球气候系统的演化规律和驱动机制。他综合利用深海沉积、冰芯等多种地质记录,研究不同时间尺度上的气候变化特征与驱动因素。在 20 世纪 80～90 年代科研经费异常匮乏的艰苦时期,他带领团队跋山涉水,克服重重困难,采集了 1.8 万个珍贵的黄土样品,踏遍了渭河谷地、山西高原等黄土覆盖区域。在艰苦的野外工作中,他甚至两次遭遇重大事故:1986 年因车祸被甩出车外,1996 年采样时跌落山崖导致颈椎骨折。但即便身受重伤,他仍坚持完成了研究任务。这种"用脚丈量科学"的实践精神不仅塑造了中国地质学的经典研究范式,也凝结成了其著作——《第四纪环境演变》,该书成为地质学领域的经典教材,影响了一代又一代地质学研究者。

丁仲礼在地球气候系统演化与驱动机制方面的深入研究极大地深化了人类对气候系统复杂性的认识,为评估现代气候变化中人类活动的影响提供了重要的科学依据。他的研究成果为气候变化科学的持续发展做出了关键性贡献,展现了一位科学家在基础研究领域的卓越能力和对未知世界的执着探索精神。

二、气候变化应对策略与政策影响:为国家利益发声

丁仲礼不仅是一位在学术前沿深耕的杰出地球科学家,更是一位胸怀天下、具有强烈社会责任感的战略科学家。他积极投身于国家气候变化应对政策的制定和论证,并以其独立思考、敢于直言的精神在气候变化谈判和公众科普中产生了广泛而深远的影响。

作为中国"双碳"（碳达峰、碳中和）目标的核心设计者和理论奠基人之一，丁仲礼构建了具有中国特色的"非碳能源占比80%+煤炭清洁高效利用+生态固碳"三位一体能源结构和碳减排体系。他积极推动《中华人民共和国长江保护法》《中华人民共和国黄河保护法》等重要生态保护法律法规的立法进程，成功将生态保护纳入国家法治轨道，为生态文明建设提供了坚实的法律保障。他提出的具有前瞻性的"三阶段修复理论"（即禁伐止损、生态恢复、可持续经营）被成功应用于国家天然林保护工程的实施。经过20余年的不懈努力，该工程使长江、黄河流域的土壤侵蚀模数下降超过60%，生物多样性指数提升了35%，取得了举世瞩目的生态效益。

丁仲礼还高瞻远瞩地提出了"新型电力系统"框架构想，主张依托中国西部地区丰富的风能、光能资源构建集发电、储能、输电、消纳于一体的现代化能源基础设施体系，目标是到2060年实现非碳能源占比达到80%以上。同时，他强调煤炭作为当前中国能源结构中不可或缺的过渡能源，积极推动超临界发电和碳捕集、利用与封存（CCUS）等煤炭清洁高效利用技术的研发和应用，力求在保障能源安全的同时，最大限度降低碳排放。

1. 参与《联合国气候变化框架公约》谈判

《联合国气候变化框架公约》谈判是全球共同应对气候挑战的关键性平台。作为中国科学家代表团的核心成员，丁仲礼多次参与谈判。在谈判桌前，他以翔实的数据和严密的逻辑有力地驳斥了西方国家提出的"人均累计碳排放"等不公平指责，旗帜鲜明地主张"共同但有区别的责任"原则，强调在应对气候变化的同时，必须充分兼顾发达国家与发展中国家在历史责任和发展权上的差异。

在备受关注的2009年哥本哈根世界气候大会上，丁仲礼以其超凡的勇气和清晰的洞察力，用冰冷的数据揭露了发达国家减排方案背后的"道德沦丧"：占全球人口仅15%的发达国家企图攫取高达44%的碳排放权，而这可能意味着中国在2020年后每年需要花费巨额资金（达万亿人民币）购买排放配额。面对如此不公的局面，他发出了振聋发聩的质问："中国人是不是人？"这句充满力量、直击灵魂的诘问深刻揭示了西方"人均累计碳排放"双重标准的本质，成为发展中国家争取气候正义的标志性宣言。他进一步提出了以发达国家人均排放量的80%为上限的"丁氏方案"，迫使国际社会不得不重新审视气候变化谈判中的公平原则。

丁仲礼在气候变化谈判中的卓越表现为中国维护国家利益、争取公平合理的减排责任做出了不可磨灭的贡献。他以严谨求实的科学态度和清晰有力的逻辑思维在国际舞台上展现了中国科学家的智慧、担当和坚守。他的贡献显著提升了中国在气候变化谈判中的话语权和影响力。

2. 气候变化科普与公众沟通

气候变化不仅是一个复杂的科学问题，更与每个人的生活息息相关。丁仲礼深知提高公众科学素养和生态文明意识的重要性，因此积极投身于气候变化科普和公众沟通工作。

丁仲礼通过广泛参与电视访谈、发表科普文章、举办公开讲座等多种形式将深奥的科学知识以通俗易懂的方式传播给大众。他的电视访谈在社会上引起了巨大反响和深刻讨论，极大地提高了公众对气候变化问题的关注度和科学认知水平。他的努力有助于形成支持国家气候变化应对政策的坚实社会基础，同时也激发了公众积极参与环保行动的热情。

丁仲礼在气候变化科普和公众沟通方面的贡献不仅拉近了科学与大众的距离，更在全社会范围内推动了生态文明意识的觉醒，为中国应对气候变化、走向绿色可持续发展奠定了坚实的社会基础。

三、育人不辍：培养中国地球科学领域的优秀人才

丁仲礼对人才培养倾注了极大的心血和热情，为中国地球科学领域培养和输送了一大批杰出的科研骨干和中坚力量。他以对科学的执着追求和对学生的悉心指导成为年轻一代地球科学家的精神楷模。

1. 组建高水平科研团队并培养优秀研究生：薪火相传，人才辈出

在 2014 年担任中国科学院大学（国科大）校长期间，丁仲礼创造性地提出了"科教融合"的办学模式。他强调基础研究必须与国家重大需求紧密结合，旨在培养兼具卓越创新能力和深厚实践能力的科技人才。他直言不讳地指出"顶尖人才要从本科抓起"，倡导将中国科学院遍布全国的 109 个研究所的顶尖科研资源转化为教学优势，重塑了中国高等教育中科学家培养的路径。

在担任中国科学院副院长期间（2008—2020 年），丁仲礼大力推动设立国家级"先导科技专项"，为量子通信、人工智能等一系列国家急需的前沿基础研究领域提供了有力支持，有效强化了国家战略科技力量。作为欧美同学会会长（2021 年至今），他积极推动国际科技人才交流，促成了中加地质学联合实验室等一系列重要的国际合作平台的建立，为中国地球科学家走向世界搭建了桥梁。

丁仲礼长期在中国科学院地质与地球物理研究所深耕，他组建了一支具有国际视野和高水平的科研团队，吸引并培养了大量的优秀研究生。在丁仲礼的悉心指导下，他的许多学生取得了令人瞩目的科研成果，在国际知名学术期刊上发表了大量高水平论文，有的还获得了国内外重要学术奖项。他亲自培养了数十名博士，并始终倡导"问题导向"的科研模式，鼓励学生"从地质剖面中读懂人类命运"，强调将科学研究与国家和人类的未来紧密相连。他主导组建的"新生代地质与环境"团队获得了国家首批"创新研究群体"基金的支持，成为中国地球科学领域的重要力量。

如今，丁仲礼培养的许多学生已经成长为中国地球科学领域的学术骨干和中坚力量。他们有的担任高校教授、科研机构负责人，有的在国家部门和企业担任重要职务，在各自的岗位上为中国地球科学事业和应对气候变化贡献着智慧和力量，真正实现了薪火相传。

2. 积极参与地球科学领域的学术组织和期刊建设：构建学术生态

丁仲礼积极参与国内外地球科学领域的学术组织和期刊建设，致力于为学科发展贡献力量，构建开放、活跃的学术生态。即使已年届七旬，他依然活跃于立法咨询和科研前沿。其著作《第四纪环境演变》被广泛认可并被列为地质学领域的经典教材，持续影响着一代又一代地质学子。

丁仲礼通过积极参与学术组织的各项工作以及在期刊建设中的贡献，为中国地球科学领域的年轻科研人员提供了重要的交流平台和成长机会，促进了学科的健康和可持续发展。

四、荣誉与影响：从中国方案到文明互鉴

丁仲礼无疑是中国最杰出的地球科学家之一，也是气候变化研究领域的杰出领军人物。他在古气候变化研究领域做出了系统性、原创性的卓越贡献，深刻揭示了地球历史时期气候变化的规律，为认识现代气候变化提供了坚实的科学基础。他以强烈的社会责任感积极参与国家气候变化应对政策的制定和论证。在国际舞台上，他以其独立的科学判断和敢于质疑的精神为国家利益仗义执言，赢得了国内外广泛的尊敬。他提出的"中国人是不是人？"的质问不仅是为国家争取气候正义的标志性宣言，更是对全球气候治理中公平原则的深刻反思，展现了一位中国科学家的大格局和硬骨头。

丁仲礼的事迹生动地诠释了一位战略科学家如何将基础科学研究与国家重大战略需求紧密结合，如何在复杂的全球性问题中坚定维护国家和民族利益，以及如何不遗余力地推动学科发展和人才培养。他的精神将继续激励着中国的地球科学家和气候变化研究者不断求索，勇攀高峰。丁仲礼的学术生涯和战略实践不仅解码了地球气候历史，更通过将科学认知转化为政策工具，推动了中国在全球气候治理中从"跟随者"向"引领者"的转变，生动诠释了战略科学家的中国范式，展现了一位科学家从微观地质研究到宏观国家治理的跨界能力。他诠释了"科学报国"的深层内涵——以数据为剑，以情怀为盾，为中华民族的可持续发展锚定未来坐标，为构建人类命运共同体贡献中国智慧。

 教学分析 •••

一、课程思政要素挖掘

1. 家国情怀与使命担当

丁仲礼院士长期致力于第四纪地质学、古环境学、古全球变化研究，在我国第四纪黄土和第三纪红黏土沉积研究领域取得卓越成就。他立足中国大地，从本土的

地质沉积入手，研究过去七百万年来中国北方干旱区气候、环境演变历史及其与全球变化的关系，填补了我国在该领域的诸多空白。这种将个人科研理想与国家对地球科学认知需求紧密相连的精神体现出浓厚的家国情怀。他深知地质研究对于国家资源开发、环境保护、应对气候变化等方面的重要意义，以科研为使命，为国家的可持续发展贡献力量。这种家国情怀和使命担当可激励学生将个人成长与国家发展紧密结合，树立远大志向，勇担时代赋予的使命。

2. 科学精神与创新意识

在科研工作中，丁仲礼院士展现出严谨的科学精神和强烈的创新意识。他在详细划分中国黄土地层并对其古气候记录进行系统研究时，深入野外考察，获取第一手资料，对每一个地质样本、每一条数据都进行反复验证和分析，确保研究成果的准确性和可靠性。例如他进一步将五个黄土剖面的古气候曲线综合在一起，给出 2.6Ma 以来中国黄土古气候变化的代表性曲线，这项成果被国际权威期刊审稿专家高度赞誉，背后是大量严谨细致的工作。同时，他敢于突破传统思维，在东亚古季风演变动力机制研究中，从理论上提出晚更新世时期东亚古季风变化的全球冰量驱动观点，为该领域研究开辟了新方向。这种科学精神和创新意识鼓励学生在学习和科研中尊重事实、追求真理，敢于质疑、勇于创新。

3. 国际视野与合作精神

全球气候变化是全人类面临的挑战，丁仲礼院士的研究涉及全球变化相关内容，具有广阔的国际视野。他积极参与国际学术交流与合作，与世界各国的科学家共同探讨地球科学领域的前沿问题，让中国的科研成果走向世界，也吸收国际先进经验和理念。在国际合作中，他尊重不同国家和文化背景的科研人员，倡导开放、包容的学术氛围，通过合作实现资源共享、优势互补，共同推动全球变化研究的发展。这启示学生要有开放的思维和国际视野，在未来的学习和工作中善于与他人合作，共同应对全球性问题。

4. 求真务实与坚韧不拔

地质研究往往需要长时间的野外工作，条件艰苦，丁仲礼院士不畏艰难，长期坚持在野外一线，获取最真实的地质数据和样本。在研究过程中面对复杂的地质现象和诸多不确定性，他始终保持求真务实的态度，不盲目跟从既有理论，而是通过扎实的研究去揭示真相。他在黄土高原第三纪红黏土成因及古气候记录研究中为证明红黏土为风成成因提供了大量新证据，背后是多年如一日的坚持和努力，克服了重重困难。这种求真务实与坚韧不拔的品质教导学生在面对困难和挫折时要坚持不懈，以脚踏实地的态度追求知识和真理。

二、融入教育教学的方法

1. 案例教学法

在地球科学、地质学等相关专业课程教学中引入丁仲礼院士的科研案例。比如在讲解古气候演变课程时详细介绍他对中国黄土地层古气候记录的研究过程，包括如何提出研究问题、设计研究方案、进行野外采样和室内分析，以及如何突破传统观点得出创新性结论。组织学生讨论案例，分析丁仲礼院士在科研中体现的科学精神、创新思维和家国情怀，引导学生思考自己在未来科研中应如何借鉴。

2. 邀请讲座与交流

邀请丁仲礼院士或其团队成员到学校举办讲座，分享科研经历和心得体会。让学生有机会与科学家面对面交流，近距离感受他们的人格魅力和科研热情。也可以组织学生观看丁仲礼院士参与的学术访谈、科普节目等视频资料，之后开展小组讨论，加深学生对其科研精神和思政要素的理解。

3. 实践教学结合

在野外地质实习、科研项目实践等环节融入思政教育。以丁仲礼院士为榜样教导学生在野外实习中不怕吃苦、严谨认真、注重团队协作。例如在野外实习时要求学生像丁仲礼院士一样，认真记录地质现象，尊重每一个数据，培养他们求真务实的科学态度。同时，鼓励学生在实践中尝试从不同角度思考问题，培养创新意识。

4. 课程作业与考核渗透

在课程作业和考核中设置与丁仲礼院士科研事迹和思政要素相关的题目。比如要求学生撰写关于丁仲礼院士的科研精神对自己学习和未来职业规划影响的小论文；在考试中设置论述题，让学生分析丁仲礼院士在国际合作研究中体现的国际视野和合作精神对地球科学发展的重要性。通过作业和考核引导学生深入思考并将思政要素内化于心。

三、教育教学效果评估

1. 学生学习反馈评估

通过课堂提问、课后作业批改、小组讨论观察等方式收集学生对丁仲礼院士相关思政内容的学习反馈。观察学生在讨论中对科学精神、家国情怀等要素的理解和表达，分析学生作业中对相关主题的思考深度和思想感悟，了解学生是否能将这些思政要素与专业学习相结合，从而评估教学对学生思想认识的影响。

2. 行为表现观察评估

在日常学习和实践活动中观察学生的行为表现。看学生在科研项目、实习中是否展现出严谨的科学态度、创新精神和团队合作能力，是否具有更强的社会责任感和使命感。例如观察学生在野外实习时对待工作的认真程度、面对困难时的态度以及与团队成员的协作情况，以此判断课程思政教育是否在学生行为上产生积极影响。

3. 课程考核评价

将思政相关内容纳入课程考核体系，设置专门的思政考核指标。除了传统的专业知识考核外，增加对学生思想认识、价值观的考查。例如在考试中设置一定比例的主观题，考查学生对丁仲礼院士科研精神的理解和应用；在实践考核中评估学生在实践过程中体现的思政素养，比如创新意识、团队协作精神等，综合评价学生在思政教育方面的学习成果。

4. 长期跟踪调查

对学生毕业后进行长期跟踪调查，了解课程思政教育的长期效果。通过问卷调查、访谈等方式了解学生在工作岗位上是否能秉持丁仲礼院士的科学精神和家国情怀，是否在实际工作中展现出创新能力和社会责任感，是否将所学的思政理念运用到职业发展和社会生活中。根据反馈不断改进教育教学方法，提升课程思政教学质量。

📁 **参考文献** •┈┈┈┈┈┈┈┈┈┈┈┈┈┈┈┈┈┈┈┈┈┈┈┈┈┈┈┈┈┈┈┈┈┈

［1］鞠美庭. 环境类专业课程思政教育内容选编［M］. 北京：化学工业出版社，2022.

［2］孙建强，周珊珊. 环境专业课程思政教学设计案例［M］. 杭州：浙江大学出版社，2022.

［3］周天舒. 生态环境专业课程思政教学指南［M］. 上海：华东师范大学出版社，2021.

案例 9

以科技重塑水生态的战略 科学家曲久辉

　　曲久辉（1957年10月1日—），出生于吉林长春，环境工程专家、中国工程院院士、发展中国家科学院院士、美国国家工程院外籍院士、中国科学院生态环境研究中心研究员，清华大学环境学院特聘教授、博士生导师，主要从事水污染控制，特别是饮用水质安全保障的理论、技术和工程应用研究，是享誉国际的水污染控制权威专家，被授予国际水协杰出会士荣誉，出版专著、合著7本，在国内外学术期刊发表研究论文400余篇，其中SCI论文200余篇，获中国、美国、欧洲等国家发明专利授权40余项。他长期致力于水污染控制理论、技术与工程应用研究，是中国在环境水质工程领域取得卓越成就的领军人物。曲久辉不仅在学术上造诣深厚、理论创新频出，还积极推动科研成果向实际应用转化，为解决中国复杂的水环境问题做出了杰出贡献，并为国家水环境保护政策的制定提供了重要的科学支撑。2010年9月，其领衔成果在第七届世界水大会中获得国际水协全球应用研究创新项目奖，这是中国首次获得该奖项。2024年，因其构建的"从源头到水龙头"全链条技术体系以及为全球两亿人口解决饮水安全问题所做出的杰出贡献，曲久辉成为首位获得诺贝尔可持续发展基金会可持续发展奖水研究领域"杰出研发奖"的中国科学家。这一殊荣不仅是对曲久辉个人成就的高度肯定，更标志着中国在水处理技术领域实现了从跟跑到领跑的跨越，彰显了中国在全球水环境治理中的影响力。

一、理论创新与技术突破：深耕水污染控制前沿

　　曲久辉的科研工作始终聚焦于水污染控制领域的核心科学问题，尤其在饮用水安全保障和推动污水资源化革命方面，做出了系统性、原创性的重要贡献。他坚持将基础理论研究与实际工程应用紧密结合，攻克了一系列长期困扰中国水污染治理的瓶颈和难题。

1. 水处理中的理论创新与技术突破

针对全球近八亿人口面临的饮用水砷污染威胁，曲久辉团队通过定向构建复合金属氧化物表面微界面，在全球范围内首创了颠覆性的"一步法除砷"技术范式。该技术突破了传统方法中三价砷和五价砷需要分步处理的技术壁垒，实现了高效、同步去除。这项技术使砷的去除效率提升至惊人的99.9%，同时处理成本降低了60%。在河南大沙河治理工程中，"一步法除砷"技术成功将河流中的砷浓度从高达1.2mg/L大幅降低至饮用水标准（0.01mg/L）以下的0.005mg/L，开创了高浓度砷污染河流治理的成功先例。该技术在内蒙古、山西等受砷污染困扰的地区大规模推广应用，惠及了数百万农村人口，成为全球砷污染治理的标杆性技术。更值得一提的是，这项技术通过"一带一路"倡议输出至孟加拉国等发展中国家，成为解决发展中国家饮用水安全问题的典范。

曲久辉团队在膜分离技术领域的研究成果极大地推动了该技术在中国水处理领域的广泛应用。他们的研究涵盖了膜材料的创新、膜过程的优化以及膜污染的控制等方面。这些技术被成功应用于城市污水深度处理、高难度工业废水处理、饮用水净化以及海水淡化等多个重要领域。

曲久辉团队积极参与并指导了多个大型膜法水处理工程的设计和建设，这些项目的成功运行显著提升了中国的膜分离技术水平和大规模工程应用能力。这些理论和工程的突破为解决中国严峻的水资源短缺和水污染问题提供了重要的技术支撑。

2. 复杂水体中新型污染物的识别与控制

随着工业化和城市化进程的加速，水中出现了大量传统水处理技术难以有效去除的新型污染物，包括痕量有机污染物、抗生素残留、内分泌干扰物等。曲久辉团队敏锐地捕捉到这一新兴挑战，积极开展了新型污染物的识别、行为机制及其高效控制技术研究。

曲久辉团队的研究成果为中国新型污染物的识别和控制提供了重要的科学依据和技术支撑。他们的研究推动了相关分析测试技术的高速发展，为国家制定新型污染物控制政策提供了重要的科学依据。相关技术已在一些重点行业和区域的新型污染物治理中得到应用，取得了显著成效。

2002年，曲久辉受科学技术部委托承担北京奥运村饮用水安全保障项目。在研究中，其团队发现传统水处理工艺难以有效去除低浓度有机污染物及其产生的嗅味问题。为此，他们创新性地研发了羟基自由基催化氧化技术，并以此为核心构建了"净化-消毒-送配"三级保障体系。这项技术成功地将饮用水中嗅味物质的去除率提升至95%以上，确保了奥运会期间的饮用水品质和安全。该技术在2008年北京奥运会饮用水安全保障中首次实现了大规模应用，日处理直饮水量达2.6万吨。该技术还被应用于我国驻外63个艰苦地区的使领馆，彻底解决了长期困扰外交人员的饮水安全难题，体现了曲久辉对国家和人民的深厚情怀。

二、工程实践与示范引领：将科研成果转化为生产力

曲久辉不仅是一位杰出的科学家，更是一位具有卓越工程实践能力的工程师。他始终坚持将科研成果应用于实际工程，积极参与设计和建设了多项具有重要影响力的水处理工程，为解决中国的环境水质问题提供了宝贵的工程示范，真正实现了将论文写在祖国大地上。

1. 典型城市污水处理厂的提标改造与优化运行：探索未来水厂模式

中国许多城市长期面临着污水处理厂出水水质难以满足日益提高的环境标准的问题。曲久辉团队深入一线，参与了多个大型城市污水处理厂的提标改造和优化运行工作。他于2014年提出了具有颠覆性的污水处理理念，并在江苏宜兴主导建成了全球首个集"水质持续、能量自给、物质循环、环境友好"于一体的污水资源厂。该厂通过创新的污染物能源化技术使污水处理过程中的能耗降低至40%，并成功回收了纯度高达94%的甲烷，实现了将污水处理这一"负资产"转化为"正资产"的重大突破。其先进的设计理念被国际水协高度评价为"未来水厂样板"，为全球污水处理厂的升级改造提供了重要范例。

曲久辉团队在最新的研究成果中构建了双阳极电化学系统，首次在污水中实现了碳、氮、磷三种关键元素的全面回收。该系统利用镁阳极促进鸟粪石（一种富含氮、磷的肥料）的生成，同时通过阴极析氢精准调控 pH 值，优化结晶分离过程并同步缓解膜污染。这项技术将污泥黏附力降低了60%、甲烷产率提升了30%、碳足迹减少了45%，为污水资源化提供了全新、高效且环境友好的路径。

曲久辉团队参与的多个城市污水处理厂提标改造项目显著提升了这些污水处理厂的出水水质，有效改善了受纳水体的环境质量，为其他城市污水处理厂的提标改造提供了宝贵的示范和经验。他们的优化运行研究也为降低污水处理运行成本、提高整体运行效率做出了重要贡献。

2. 典型行业工业废水深度处理与资源化：攻克工业污染难题

典型行业工业废水，如印染、化工、造纸等行业的废水，通常具有污染物浓度高、成分复杂、难降解等特点，是水污染防治的重点和难点。曲久辉团队在典型行业工业废水的深度处理和资源化方面进行了深入的研究和富有成效的工程实践。

在砷污染严重的地区，曲久辉团队展现了强烈的社会责任感。他们无偿向山西砷中毒高发区捐赠了自主研制的移动式净水设备，建立了"科技+公益"的创新扶贫模式。其团队研发的集装箱式净水站具有快速部署能力，可在24小时内完成安装并投入运行，日处理量高达200吨，而成本仅为传统设备的1/3，极大地提高了砷污染地区的饮水安全保障能力。

曲久辉团队在典型行业工业废水深度处理和资源化方面的研究和实践显著提升了这些行业的废水治理水平，大幅减少了污染物排放。他们的示范工程为其他同类

企业提供了重要的技术和经验借鉴，有力推动了中国工业废水治理向着深度处理和资源化的方向发展，促进了工业生产方式的绿色转型。

三、政策影响与战略咨询：为国家水环境保护提供智慧

曲久辉不仅在科研和工程领域取得了突出成就，更以其深厚的学术功底和对国家需求的深刻理解，积极为国家水环境保护政策的制定提供战略咨询，为中国水环境管理体系的完善和优化贡献了卓越的智慧。

1. 参与国家水污染防治规划的制定与论证：构建饮水安全体系

国家水污染防治规划是中国水环境治理的顶层设计和重要指导文件，对国家水环境管理的未来方向具有决定性影响。曲久辉作为环境领域的知名专家，多次受邀深度参与国家水污染防治规划的制定和论证工作。

他历时 20 年主导完成了具有里程碑意义的"饮用水安全保障技术体系"的构建。该体系建立了从水源地到用户水龙头的全流程监控和保障系统，覆盖了全国90%以上的城乡供水网络。该项目荣获 2024 年国家科技进步奖一等奖，标志着我国在复杂水源条件下的饮水安全保障能力跃居世界前列，显著提升了全国人民的饮水健康水平。

曲久辉的参与为国家水污染防治规划的科学性和有效性提供了重要保障。他的许多建议被采纳并写入规划，对中国的水环境管理体制改革、水污染控制技术路线选择、水环境标准体系建设等方面产生了深远影响。例如，他对流域水环境综合治理理念的倡导有力推动了中国水环境管理模式从末端治理向全流域、系统性治理的转型。

在国际舞台上，曲久辉的影响力同样举足轻重。他作为联合国环境规划署顾问，积极推动建立了中斯（斯里兰卡）、中尼（尼泊尔）等国家的水技术合作框架，分享中国在水处理领域的经验和技术。他主导制定的《水回用国际标准》被 43 个国家采纳，极大地推动了全球水资源的可持续利用。其团队研发的羟基自由基催化氧化技术已成为国际水处理领域的主流工艺之一，有力推动了中国水处理技术向"一带一路"国家的输出，展现了中国在全球水环境治理中的责任担当。

2. 为重大水环境事件提供科学咨询：应对突发挑战

曲久辉始终践行"基础研究-技术创新-工程应用"的深度融合路径，形成完整的创新链条。例如，通过砷价态转化机制的基础研究开发出新型复合吸附剂的技术，最终应用于农村水站的建设（应用），实现了从科学发现到社会服务的无缝对接。

在一些重大的水环境污染事件发生时，曲久辉迅速响应，积极为政府部门提供及时、准确的科学咨询，协助分析事件原因、研判污染态势、制定应急处置方案、评估环境影响并提出修复建议。

曲久辉在重大水环境事件中提供的科学咨询为政府部门的应急处置和后续管理

提供了重要的科学支撑，帮助有效控制了污染扩散，降低了环境风险。他提出的"水质风险控制三级屏障理论"被纳入国家饮用水标准体系，有效解决了砷、氟等地方性高发污染物超标难题，惠及数千万农村人口。此外，他提出的"多介质交互治理"理论强调水、气、土壤污染的协同控制理念在太湖治理中得到了成功实践。通过同步实施底泥清淤、生态浮岛构建、农业面源控制等系统性方案，有效降低了湖区的氮磷负荷达50%，显著改善了太湖水质。他的咨询意见也有助于国家总结经验教训，不断完善环境管理制度和应急响应机制。

四、育人不辍：从技术攻坚到代际影响

曲久辉高度重视人才培养，为中国环境水质工程领域培养了一大批杰出的科研和工程人才，对行业的未来发展产生了深远影响。他以严谨的治学态度、深厚的学术造诣和对学生的悉心指导成了年轻一代环境工作者的楷模和引路人。

1. 组建高水平科研团队并培养优秀研究生：薪火相传

曲久辉长期在中国科学院生态环境研究中心担任研究员，在此期间他组建了一支由优秀科研人员组成的高水平科研团队，吸引并培养了大量的优秀研究生和博士后，为中国环境科技领域注入了新鲜血液。

在曲久辉的言传身教和悉心指导下，许多学生取得了优秀的科研成果，其中不少人已成长为中国环境领域的学术骨干和中坚力量。他们有的在国内外知名高校担任教授、在科研机构担任负责人，有的在环保部门和大型企业担任重要职务。这些人才正在各自的岗位上，以前沿的知识、创新的思维和务实的精神为中国的水环境保护事业贡献力量，实现了学术和事业的薪火相传。

2. 积极参与环境教育和科普活动：提升公众意识

除了在科研机构和高校培养专业人才，曲久辉还积极投身于环境教育和科普活动。他深知提升公众环境意识、传播科学环保理念的重要性，这对于构建全社会共同参与环境保护的良好氛围至关重要。

通过公开讲座、媒体访谈、科普文章等多种形式，曲久辉向公众普及水环境保护知识，解读复杂的环境问题，解答社会关切。他的努力激发了更多年轻人对环境事业的兴趣，吸引他们积极投身于环保领域，为中国水环境保护事业的长远发展奠定了坚实的人才基础和社会基础。

五、时代启示：科技报国的"水立方体"

曲久辉的职业生涯是一座凝结着科技创新、工程实践、政策影响和人才培养的"水立方体"。从解决2.6亿人饮水安全的重大民生工程到引领全球污水处理革命的宜兴概念厂，从北京奥运直饮水系统的惊艳亮相到站在诺贝尔可持续发展奖颁奖

台上的中国声音——这些成就无不体现着曲久辉将个人价值与国家需求紧密结合的家国情怀。

曲久辉的实践展现了环境工程领域从微观分子机制的基础研究到宏观系统治理的工程应用,再到政策咨询和人才培养的完整创新链条。其成就的意义不仅在于技术上的突破,更在于他重构了"污染治理-资源回收-生态重塑"的价值逻辑。他将污水从简单的污染物转化为可回收的资源,将治理过程从末端处理延伸至全生命周期管理,最终致力于实现水生态系统的整体修复和健康循环。这为全球特别是发展中国家提供了可复制、可推广的环境治理范式,展现了中国在环境治理领域的智慧和贡献。他在理论研究上不断取得突破性创新,在工程实践中取得了显著成效,为国家水环境保护政策提供了重要的科学支撑,并为中国环境领域培养了大量的优秀人才。他以深厚的学术造诣、严谨的治学态度和强烈的社会责任感为解决中国复杂的水环境问题做出了不可磨灭的贡献。

曲久辉长期致力于饮用水水质安全保障的理论、技术和工程应用研究,在水中有毒有害物质的产生和转化过程机制、水质风险控制和污染治理等方面取得多项技术突破。作为一名科技工作者,曲久辉十分重视自身传播科学的职责,他认为保护环境是每一个公民的基本义务,为此需要加强环境科普教育,增强民众对环境保护知识的了解和环保意识。

曲久辉的事迹展现了科学家如何将基础研究、技术研发与工程应用紧密结合,如何为国家发展和环境保护贡献智慧和力量,用行动诠释着"把论文写在祖国大地上"的深刻含义。他是中国水环境保护事业发展的宝贵财富,他的精神将继续激励中国的环境工作者不断前行。正如他所言:"每个水分子都是人类命运共同体的使者,中国科技工作者有责任为世界提供更优解。"当汩汩清流润泽千家万户,当污水处理厂变身城市的新地标,这位"知水者"正用科技之笔为中国乃至世界的生态文明书写新的辉煌篇章。

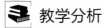 教学分析 •···

一、课程思政要素挖掘

1. 家国情怀与责任担当

曲久辉院士长期投身于水污染控制及饮用水质安全保障研究,其成果广泛应用于国内众多城市供水系统以及 2008 年北京奥运会等重大项目,还解决了中国驻外艰苦地区 63 个使领馆饮用水质安全问题。他将个人科研与国家和人民对清洁用水的需求紧密相连,彰显深厚家国情怀。在面对我国复杂的水质问题时,如高砷、高氟等饮用水净化难题,主动承担攻克难关的重任,激励学生树立为国家生态环境改善、人民生活质量提升而努力学习和科研的责任意识，培养学生将个人发展融入国家战略需求的使命感。

2. 科学精神与创新思维

在科研道路上，曲久辉院士展现出严谨执着的科学精神。他带领团队深入研究，发现有机物芳香度和分子量是影响消毒副产物生成势的主控因素，并建立了解决水质难题的新方法。在技术创新上提出"标准与效应协同控制"新理论和新工艺，探索物理-化学耦合的微场构造及水处理颠覆性技术创新，这种不断突破传统、勇于探索未知的创新思维教导学生在学习和科研中尊重科学事实、严谨治学，敢于质疑现有理论，积极寻求创新解决方案，培养学生勇于创新、追求卓越的科学素养。

3. 国际视野与合作意识

曲久辉作为全球水处理领域专家和联合国环境规划署顾问，在国际舞台上积极推动中国水科技成果与世界共享，促进中国与斯里兰卡、尼泊尔等发展中国家的水处理技术交流合作，构建动态合作框架。这体现出他广阔的国际视野和开放的合作意识，可引导学生认识到全球生态环境问题的关联性，鼓励学生在未来学习和工作中要有国际交流与合作的胸怀，积极参与国际科研合作项目，共同应对全球性水生态环境挑战，为全球可持续发展贡献力量。

4. 绿色发展与生态文明理念

曲久辉院士积极推动污水资源化能源化理论与技术的发展，并主导建成了全球首座"污水资源概念厂"，引领低碳环境治理理念和工艺创新，将绿色发展理念贯穿科研与实践。他在流域水污染控制与生态修复的研究中，深入探讨了天然水体水质变化规律、复合污染及生态安全问题，践行生态文明理念。这有助于培养学生的绿色发展观，使学生深刻理解生态环境保护与经济社会发展的辩证关系，在今后职业生涯中以生态文明理念为指导，推动行业绿色转型和可持续发展。

二、融入教育教学的方法

1. 案例教学法

在环境科学、环境工程等专业课程中引入曲久辉院士科研案例。例如在讲解饮用水处理课程时详细介绍他如何带领团队发现消毒副产物生成的关键影响因素，以及建立去除消毒副产物前驱体新方法的过程，组织学生讨论其中体现的科学精神、创新思维以及对保障民生的重要意义。引导学生分析在实际工程中如何运用这种创新方法解决类似水质问题，提升学生分析和解决问题的能力，同时强化思政教育。

2. 专题讲座与交流

邀请曲久辉院士或其团队成员举办专题讲座，分享科研经历、成果及背后的故事，比如在攻克高砷水净化技术难题时遇到的困难及解决思路。安排学生与专家互动交流环节，让学生近距离感受科学家的人格魅力和科研态度。也可组织学生观看曲久辉院士相关的学术报告视频，开展小组讨论，加深学生对其科研精神和思政要素的领悟。

3. 实践教学结合

在实验课程、实习和科研项目实践中融入思政教育。例如在水质分析实验中要求学生像曲久辉院士科研团队一样严谨对待每一个实验数据，培养科学精神；在污水处理厂实习时引导学生思考如何借鉴"污水资源概念厂"理念，实现污水处理的绿色低碳和资源化，树立绿色发展理念；在科研项目中鼓励学生组成团队协作攻关，培养团队合作和创新精神，像曲久辉院士团队一样解决实际环境问题。

4. 课程作业与考核渗透

在课程作业中布置与曲久辉院士科研成果和思政要素相关的题目，比如让学生分析"标准与效应协同控制"理论对我国饮用水安全保障的战略意义，阐述其中体现的家国情怀和科学精神。在考核中设置论述题考查学生对曲久辉院士科研事迹所蕴含思政内涵的理解以及如何将这些理念应用于未来职业规划，通过作业和考核引导学生深入思考并内化思政要素。

三、教育教学效果评估

1. 学生学习反馈评估

通过课堂提问、小组讨论考查学生对曲久辉院士科研事迹和思政内容的理解与表达。检查学生作业完成情况，分析其对相关主题的思考深度和思想感悟，了解学生是否能将思政要素与专业知识有机结合，判断教学对学生思想认识和学习态度的影响。例如，在讨论环节中分析学生对绿色发展理念的阐述是否深入，在作业中查看学生对科学精神在科研实践中应用的理解是否到位。

2. 行为表现观察评估

在日常学习、实验、实习等活动中观察学生行为。看学生在实验操作中是否严谨认真，在团队项目中是否具备合作精神和创新意识，在面对环境问题时是否运用生态文明理念思考解决方案。例如，观察学生在实习中对污水处理厂节能减排措施的关注和思考以及在团队科研项目中提出创新性想法和积极协作的表现，以此评估课程思政教育在学生行为上产生的积极效果。

3. 课程考核评价

将思政相关内容纳入课程考核体系，设立专门思政考核指标。除专业知识考核外，增加对学生价值观、科学精神、家国情怀等方面的考查。例如在考试中设置分析题，让学生结合曲久辉院士事迹论述如何在环境领域践行绿色发展理念；在实践考核中评估学生在实践操作里体现的科学态度和社会责任意识，综合评价学生在思政教育方面的学习成果。

4. 长期跟踪调查

对毕业生进行长期跟踪调查，通过问卷调查、校友访谈等方式了解学生在工作岗位上是否秉持曲久辉院士展现出的科学精神、家国情怀和绿色发展理念。例如了解学生在从事环境相关工作时是否积极推动项目的绿色创新，是否以解决实际环境问题为己任，根据反馈不断优化教育教学方法，提高课程思政教学质量。

📁 **参考文献** ••

[1] 鞠美庭. 环境类专业课程思政教育内容选编 [M]. 北京：化学工业出版社，2022.

[2] 孙建强，周珊珊. 环境专业课程思政教学设计案例 [M]. 杭州：浙江大学出版社，2022.

[3] 周天舒. 生态环境专业课程思政教学指南 [M]. 上海：华东师范大学出版社，2021.

案例 10

大众汽车尾气排放作弊事件与中国"蓝天保卫战"

汽车作为人类的代步工具，在人类生活中占据着重要作用。随着人们生活水平的提高，汽车数量迅速增加，对生态环境平衡及人类身体健康都造成了一定损害。汽车尾气中含有许多对人体有害的物质，比如固体悬浮颗粒、一氧化碳、氮氧化物、碳氢化合物、铅等。化学方法治理汽车尾气采用氧化铬、氧化镍、氧化铜等金属氧化物和铂等贵金属，它们都可以净化汽车尾气，将其中的有害物质转变为无害物质。目前汽车尾气污染问题形势已经极为严峻，所以解决该问题刻不容缓。防治和减少汽车污染是一个复杂的技术问题和广泛的社会问题，需要从燃油效率燃油品质、尾气净化术、代用燃料、道路交通、政府政策和法规等诸多方面综合考虑。因此，汽车环保问题应引起世界社会各界的重视，也需要全社会的共同努力。根据生态环境部机动车排污监控中心研究，从 2016 年重污染期间全国各城市颗粒物解析结果来看，机动车已经成为 $PM_{2.5}$ 等大气污染物的主要来源。国家、地方都纷纷出台控制机动车污染技术和政策。

汽车发动机在工作过程中，汽缸处于高温高压的环境，在进行燃油与氧气燃烧反应释放能量做功的同时也发生着氮气与氧气的燃烧反应，产生大量的氮氧化合物（NO_x，主要为 NO、NO_2）。氮氧化合物是对人体有害的气体，特别是对人类的呼吸系统危害极大。在二氧化氮浓度为 9.4 毫克/立方米的空气中暴露 10 分钟，就能够使人的呼吸系统功能性失调。氮氧化合物同时也是酸雨和水体富营养化的重要原因。因此世界各国都对汽车尾气中氮氧化合物的排放做了严格的限定。

汽油车常采用覆盖着铂、铑、钯等贵重金属和稀土涂层的多孔陶瓷三元催化器（TWC）来处理尾气。所谓三元是指该催化剂可以同时处理 CO、碳氢化合物和 NO_x 三种气体，使其转化为无害的 CO_2、H_2O 和 N_2。

柴油车常用的尾气处理系统是选择性催化还原（SCR）催化器，其工作原理是：柴油车尾气中的 NO_x 和尿素热分解产生气混合后经过 SCR 催化器在高温环境下发生还原反应，生成氮气和水，多余的氨气也被氧化成氮气。根据尾气的成分合理地控制尿素的加入量，可以实现尾气排放的无害化。

一、大众汽车尾气排放作弊事件始末

美国环境保护署 2015 年 9 月 18 日披露"德国大众公司在其生产的柴油车上非法安装作弊软件以大幅降低尾气中氮氧化合物的排放数据，从而在美国的汽车尾气排放测试中达标。""在所有正常驾驶的情况中，这些车辆的污染排放控制装置的有效性都大大降低，因此这些车辆在实验室或测试站的测试结果都符合排放标准，但在正常驾驶期间，这些车辆排出的氮氧化物实际上高达标准的 40 倍。"

9 月 21 日，大众汽车承认在美国尾气排放测试中操纵作假行为，这一作弊行为规避了美方监管已经超过 1 年之久，并叫停了 4 缸柴油车在美国的销售，其中就包括大众、奥迪品牌的新车和二手车。

在车辆使用过程中，采用 SCR 催化器的柴油车用户必须定期添加车用尿素溶液作为一项日常消耗养护用品。而车用尿素溶液的售价与燃油相当，用量大约为每 100 升的油耗对应 5 升的尿素溶液。如果不添加尿素，对车的行驶性能几乎没有影响，但会造成尾气中 NO_x 的排放严重超标；如果添加尿素，会给使用者带来相当于柴油消耗费用 5% 的额外支出。德国大众公司就在这里动了歪脑筋，在尿素喷射管的控制装置上安装了特殊的感应器和特殊程序，该程序能够对车辆正常行驶状态和尾气检测状态进行识别，前者则关闭尿素喷射阀门，后者则正常开启尿素喷射阀门。车辆正常行驶状态尿素消耗为零（当然，尾气中的 NO_x 没经过处理，直接排放），使得车辆的使用成本大大降低，同时在尾气检测时又能够达到相应的排放标准，从而骗过检测部门。对于消费者来说，在不知情的情况下（如果知情并使用，就涉嫌违反环保法规了），较低的车辆使用成本还是很具有诱惑力的。

经广泛调查发现，德国大众公司在大约全球范围内 1100 万辆柴油车的所谓"EA 189 型"发动机上安装了作弊软件，为此该公司需要支付高达 300 亿欧元（约合人民币 2341.84 亿元）的天价罚款和刑事犯罪调查，公司 CEO（首席执行官）马丁·温特科恩引咎辞职，公司市值大幅缩水，此外多名高管也因涉嫌"故意向公众隐瞒真相"而遭到司法起诉。事实上，20 世纪 80 年代，大众公司已经有过因"刹车"问题而被迫退出美国市场的历史。全球最大汽车生产商、德国标杆企业大众公司利用作弊软件通过美国尾气排放检测成为这家企业成立 78 年来的最大丑闻"排放门"。

二、中国"蓝天保卫战"

雾霾是雾和霾的组合词，常见于城市。不少地区将雾并入霾一起作为灾害性天气现象进行预警预报，统称为"雾霾天气"。雾霾是特定气候条件与人类活动相互作用的结果。高密度人口的经济及社会活动必然会排放大量细颗粒物（$PM_{2.5}$），一旦排放超过大气循环能力和承载度，细颗粒物浓度将持续积聚，此时如果受静稳天气等影响极易出现大范围的雾霾。

2013 年，"雾霾"成为年度关键词。这一年的 1 月，4 次雾霾过程笼罩 30 个省（区、市），在北京，仅有 5 天不是雾霾天。有报告显示，中国最大的 500 个城市中只有不到 1% 的城市达到世界卫生组织推荐的空气质量标准，与此同时，世界上污染最严重的 10 个城市有 7 个在中国。2014 年 2 月 20～26 日，持续 7 天的重度雾霾大气是北京市数年来持续时间最长、空气质量最严重的一次。部分站点 PM$_{2.5}$ 小时浓度超过 550μg/m^3，达到空气质量指数 AQI 评价的浓度上限，即所谓的"爆表"。国外对此空气的评价是"有毒！"。2016 年 12 月 16 日，入冬来最持久雾霾天气来临，多个城市已达严重污染，直到 21 日后半夜才自北向南减弱消散。19 日夜间进入此轮雾霾最严重的时段，影响到包括京津冀、山西、陕西、河南等 11 个省市在内的地区。

雾气看似温和，里面却含有各种对人体有害的细颗粒，有毒物质达 20 多种，包括酸、碱、盐、胺、酚等以及尘埃、花粉、螨虫、流感病毒、结核杆菌、肺炎球菌等，其含量是普通大气水滴的几十倍。与雾相比，霾对人的身体健康的危害更大。由于霾中细小粉粒状的飘浮颗粒物直径一般在 0.01 微米以下，可直接通过呼吸系统进入支气管甚至肺部。所以，霾影响最大的就是人的呼吸系统，造成的疾病主要集中在呼吸道疾病、脑血管疾病、鼻腔炎症等病种上。同时，灰霾天气时，气压降低、空气中可吸入颗粒物骤增、空气流动性差，有害细菌和病毒向周围扩散的速度变慢，导致空气中病毒浓度增高，疾病传播的风险很高。

美国环保署 2009 年发布《关于空气颗粒物综合科学评估报告》指出，有足够的科学研究结果证明了大气细粒子能吸附大量致癌物质和基因毒性诱变物质，给人体健康带来不可忽视的负面影响，包括提高死亡率、使慢性病加剧、使呼吸系统及心脏系统疾病恶化、改变肺功能及结构、影响生殖能力、改变人体的免疫结构等。

据北京市卫生局统计，每次出现重度雾霾的天气，来市属各大医院的呼吸科就诊的患者就增加 20%～50%。更为严重的是，空气污染还会影响人类的生育和婴幼儿的健康。专家称，在胚胎和婴幼儿时期暴露在高浓度空气污染物的动物，相比较成年时期暴露在污染环境里群体的生育力有显著下降。国家气候中心气候与气候变化服务室副主任高荣、中国社会科学院城市发展与环境研究所副研究员张莹在接受媒体采访时表示："PM$_{2.5}$ 级别的空气细粒子对婴儿的致畸率和早产率有着显著的影响。"

治理雾霾是持久战而不是运动战。持续高发、频发、连片且越来越严重的雾霾，使城市空气污染问题成为公众最关心的问题之一。2013 年国家开始实施《大气污染防治行动计划》（简称"大气十条"），防治大气污染的重要环节是治理汽车尾气，全部淘汰黄标车和老旧机动车整治高排放汽车，鼓励使用清洁能源汽车，加快推广使用国六标准燃油。2014 年 1 月 4 日，国家减灾办、民政部首次将危害健康的雾霾天气纳入 2013 年自然灾情进行通报。2014 年 2 月 25 日，习近平在北京考察时指出，应对雾霾污染、改善空气质量的首要任务是控制 $PM_{2.5}$，要从压减燃煤、严格控车、调整产业、强化管理、联防联控、依法治理等方面采取重大举措，聚焦重点领域，严格指标考核，加强环境执法监管，认真进行责任追究。

漫天的雾霾让不少人感受到了一种无力的焦虑和无解的迷茫，不知道怎么去消除它。这种"雾锁霾困"之下的无力感使上上下下痛定思痛，在高层重视、公众呼吁和随时可能再来的雾霾的倒逼下，地方政府开始采取各种措施治理雾霾，有的着力治标，有的着力治本。比如：辽宁开出了"雾霾罚单"，对雾霾严重的城市开出罚单，以罚促改；北京开展人工消减雾霾试验，用人工降雨等物理方法消雾；石家庄为了治雾霾一天拆除 18 家水泥企业，据称减少了大约 64 个火车皮的粉尘排放；雾霾较严重的河北省明确表示将削减近三分之一钢铁产能来治理大气污染。同时，专家也建言献策，提出发展核电可解决雾霾。

习近平总书记提出的"绿水青山就是金山银山"重要论断成为树立生态文明观、引领中国走向绿色发展之路的理论之基。在中国共产党第十八次全国代表大会上，生态文明建设首次摆在了"五位一体"总体布局的战略位置，"美丽中国"成为生态文明建设的美好目标。李克强总理在 2017 年 3 月 5 日第十二届全国人民代表大会第五次会议上所做的政府工作报告中提出要打好"蓝天保卫战"。党的十九大报告指出"坚持全民共治、源头防治，持续实施大气污染防治行动，打赢蓝天保卫战"。无论是为了人民群众的身体健康，还是致力于现代化事业，我们必须打好打赢蓝天保卫战。中央为"蓝天保卫战"制定了明确的"作战方案"：科学施策、标本兼治、铁腕治理，全国各地要树立"全国一盘棋"的思想，让大气污染治理更加科学、更加精准、更加有效。

大气污染治理成效初显：全国 74 个重点城市 PM 平均浓度下降了约 30%，酸雨面积下降且恢复至 20 多年前的水平。作为北方工业重镇的沈阳，"蓝天保卫战"也收到了丰硕的成果。"蓝天保卫战"成为包括沈阳市民在内的每一个中国人亲身参与、切身感受、美化家园、造福人类的一项伟大事业。大气污染防治工作在我国虽然起步较晚（20 世纪 70 年代），但取得了令人瞩目的效果和成就。我国坚持绿水青山就是金山银山理念，打响蓝天、碧水、净土"三大战役"，统筹山水林田湖草沙系统治理取得了明显成效。

 教学分析 ···

一、课程思政要素挖掘

1. 诚信与责任
大众汽车尾气排放作弊事件暴露出企业缺乏诚信和社会责任感。企业为了追求经济利益不惜采取欺骗手段，违反法律法规，对环境和公众健康造成严重危害。这可以教育学生在未来的职业生涯中要坚守诚信原则，勇于承担社会责任，不能为了短期利益而挑战道德和法律底线。

2. 法治观念

该事件强调了法治的重要性。企业的作弊行为最终受到了法律的制裁，这表明任何违法行为都将受到法律的追究。通过这个案例可以让学生认识到遵守法律法规是每个人和企业的基本义务，增强学生的法治观念。

3. 科学精神与创新

解决汽车尾气排放问题需要依靠科学技术和创新。大众汽车本应通过合法的技术创新来降低尾气排放，而不是采取作弊手段。这可以教育学生在学习和工作中要秉持科学精神，勇于探索和创新，以合法、可持续的方式解决问题。

4. 可持续发展理念

汽车尾气排放对环境造成严重污染，影响可持续发展。该事件提醒人们要重视环境保护，推动经济、社会和环境的协调发展。可以引导学生树立可持续发展理念，关注环境保护和资源利用，为实现可持续发展贡献力量。

二、融入教育教学的方法

1. 案例教学法

在相关课程中引入大众汽车尾气排放作弊事件作为案例进行分析。通过讲解事件的背景、过程和后果，引导学生思考诚信、法治、科学精神和可持续发展等问题，提高学生分析和解决问题的能力。

2. 小组讨论法

组织学生围绕大众汽车尾气排放作弊事件进行小组讨论。设置一些问题，比如"企业应该如何承担社会责任？""如何加强对企业的监管？""科技创新与诚信的关系是什么？"等，激发学生的思考和交流，培养学生的团队合作和表达能力。

3. 实践教学法

结合课程内容组织学生进行实践活动，例如开展环保宣传活动、进行科技创新项目等，让学生在实践中体会诚信、法治、科学精神和可持续发展的重要性，增强学生的实践能力和社会责任感。

4. 多媒体教学法

利用图片、视频、新闻报道等多媒体资源向学生展示大众汽车尾气排放作弊事件的影响和后果。通过直观的视觉冲击让学生深刻认识到企业不诚信行为的危害，激发学生的学习兴趣和情感共鸣。

三、教育教学效果评估

1. 学生反馈

通过问卷调查、课堂讨论、课后作业等方式收集学生对课程中融入大众汽车尾气排放作弊事件思政要素的反馈意见。了解学生对事件的认识和理解程度以及对自身价值观和行为的影响。

2. 学习成果评估

考查学生在相关课程中的学习成绩、论文质量、实践报告等成果。分析学生在知识掌握、能力提升和价值观培养等方面的变化，评估课程思政的教学效果。

3. 行为观察

关注学生在日常生活和学习中的行为表现，观察其诚信意识是否提高、法治观念是否增强、是否具有科学精神和可持续发展理念等。例如是否遵守学术规范、是否积极参与环保活动、是否注重科技创新等。通过行为观察进一步评估课程思政对学生的实际影响。

 参考文献

姜涛，葛春华. 化学课程思政元素 [M]. 北京：高等教育出版社，2021.

碳中和与碳达峰：温度？态度？

对人类而言，煤、石油、天然气等化石能源都具有不可再生性。这类一次能源来自亿万年太阳能的积累，无法在短时间内被循环使用。而在过去的 100 年内，约 2650 亿吨的煤被消耗掉了，石油与天然气的消耗量也占了历史累计开采总量的 56% 与 60%。亿万年累积的化石燃料仅支持了现代工业文明约 300 年时间，随之而来的温室效应、臭氧层破坏、工业污染、大气污染、酸雨与水污染等全球性问题更是在时刻提醒着人类即刻"止损"，寻找新能源。气候变化是当今世界面临的最重要的环境挑战之一。极端天气事件的增加、冰川消融和海平面上升都是气候变化的明显迹象。

一、全球气候变暖

科学家们研究认为，气候变暖已经成为全球的普遍现象。20～21 世纪，全球平均气温经历了"冷→暖→冷→暖"四次波动，但总体而言全球气候变暖为上升趋势。进入 20 世纪 80 年代后，全球气温明显上升；21 世纪北极平均气温上升了 1.6℃以上。据美国国家海洋和大气管理局（NOAA）报告，俄罗斯、美国大部分地区、加拿大东部、中国东部、日本以及澳大利亚等地都出现了高于平均水平的异常高温；其中澳大利亚新南威尔士州的气温高于正常水平，可能是该州大规模林火产生并肆虐的一大诱因。欧盟"哥白尼气候变化服务"（C3S）在一份声明中称，从挪威到俄罗斯，全球多国气温都比 30 年前的基准高出了 6℃，这是前所未有的情况。联合国世界气象组织（WMO）的气候状况监测结果显示，2018 年度全球平均温度比 1981—2010 年的平均值高出 0.38℃，与工业化前相比上升了 1℃。然而这个纪录很可能就要被刷新，数据显示，如果人类再不行动，世界正在朝着 21 世纪末升温 3.2℃的趋势发展。全球气候变暖已经并将继续给全球各地带来恶劣影响，比如降水不均、冰川和冻土消融、海平面上升、生物多样性减少和极端天气频发，这已经对人类和其他物种的生存造成了严重威胁。现如今，气温升高显然已经危害到自然生态的平衡，持续发展下去将更加不利于人类的生存。有研究表明，若地球温度再升高 2℃，地球上将有四分之一的土地陷入干旱，超过 15 亿人将面临严重的基本生存问题。面对气候变化问题，我们必须采取更加有力的政策和措施。

全球气候变暖是一种和自然有关的现象。大量使用石油、煤炭等化石燃料或砍伐森林并将其焚烧时会产生大量的二氧化碳等多种温室气体，这些温室气体对来自太阳辐射的可见光具有高度透过性，而对地球发射出来的长波辐射具有高度吸收性，能强烈吸收地面辐射中的红外线，导致地球温度上升，即温室效应（greenhouse effect），又称"暖（花）房效应"，是大气保温效应的俗称，是指透射阳光的密闭空间由于与外界缺乏热交换而形成的保温效应。大气能使太阳短波辐射到达地面，但地表受热后向外放出的大量长波热辐射线却被大气吸收，这样就使地表与低层大气度增高，其作用类似于栽培农作物的温室，大气中的二氧化碳就像一层厚厚的玻璃，使地球变成了一个大暖房，故名温室效应。温室效应加剧主要是现代化工业社会燃烧过多煤炭、石油和天然气，这些燃料燃烧后放出大量的二氧化碳气体进入大气造成的。自工业革命以来，人类向大气中排放的二氧化碳等吸热性强的温室气体逐年增加，大气温室效应也随之增强，已引起全球气候变暖等一系列极其严重问题，引起了全世界各国的关注。科学家预测，今后大气中二氧化碳每增加 1 倍，全球平均气温将上升 1.5～4.5℃，而两极地区的气温升幅要比平均值高 3 倍左右。

　　人类近代历史中才有了一些温度记录，而在 2000 年以后，世界各地的高温纪录经常被打破。而当温室效应不断积累导致地气系统吸收与发射的能量不平衡，能量不断在地气系统累积，从而导致温度上升，造成全球气候变暖这一现象。全球变暖会使全球降水量重新分配、冰川和冻土消融、海平面上升等，不仅危害自然生态系统的平衡，还威胁人类以及动物的生存。另一方面，陆地温室气体排放造成大陆气温升高，与海洋温差变小，进而造成了空气流动减慢，雾霾无法短时间被吹散，造成很多城市雾霾天气增多，影响人类健康。汽车限行、暂停生产等措施只有短期和局部效果，并不能从根本上改变气候变暖和雾霾污染。

　　人类燃烧煤、油、天然气和树木产生大量二氧化碳和甲烷进入大气层后使地球升温，使碳循环失衡，改变了地球生物圈的能量转换形式。自工业革命以来，大气中二氧化碳含量增加了 25%，远超过科学家可能勘测出来的过去 16 万年的全部历史纪录，而且尚无减缓的迹象。大气中二氧化碳排放量增加是造成地球气候变暖的主要根源。国际能源机构的调查结果表明，美国、中国、俄罗斯和日本的二氧化碳排放量几乎占全球总量的一半。其中，美国二氧化碳排放量居世界首位，年人均二氧化碳排放量约 20 吨，占全球总量的 23.7%；中国年人均二氧化碳排放量约为 11.73 吨，约占全球总量的 13.9%。

　　科学家们表示，由于气候变化的影响，月度、年度、十年度的气温攀至新高已变得司空见惯，而这主要归因于由燃烧化石燃料产生的二氧化碳。大气中温室气体浓度升高是当下气候变化的关键驱动因子，控制化石燃料的使用并有效、合理地排放与利用二氧化碳将是人类解决气候变暖的关键途径。为达成可持续发展的目标，我们仍然需要开发并加大新能源的使用，以逐步缩减化石能源的消耗速率。相信经过人类不断地探索创新与社会文明持续地发展进步，未来的科技将会更加发达，未来的生活将会更加多彩，未来的世界将会更加美好。

二、亚马孙热带雨林危险

巴西亚马孙雨林是全球最大的热带雨林之一，如今因为气候变化而受到严重威胁。雨林火灾、干旱以及人类对雨林的过度开发导致雨林的面积不断减少，生物多样性丧失，对全球生态系统产生了严重影响。

亚马孙热带雨林位于南美洲的亚马孙盆地，占地 700 万平方公里。雨林横越了巴西（占森林 60% 面积）、哥伦比亚、秘鲁、委内瑞拉、厄瓜多尔、玻利维亚、圭亚那及苏里南等八个国家，占据了世界雨林面积的一半，森林面积的 20%，是全球最大及物种最多的热带雨林。亚马孙热带雨林作为世界上最大的雨林，被人们称为"地球之肺"，具有相当重要的生态学和环境学意义。这个雨林的生物多样性相当出色，聚集了 250 万种昆虫、上万种植物和大约 2000 种鸟类和哺乳动物，其中鸟类占全世界鸟类总数的五分之一。有专家估计，每平方公里内大约有超过 7.5 万种树木、15 万种高等植物，包括有 9 万吨的植物生物量。科学家指出，单单在巴西已约有 96660～128843 种无脊椎动物。亚马孙雨林的植物品种是全球最多种性的，有专家估计，1 平方公里可能含有超过 7.5 万种树及 15 万种高等植物。亚马孙雨林是全世界最大的动物及植物生境。大约有 43.8 万种有经济及社会价值的植物发现于亚马孙雨林，还有更多的有待发现及分类。

20 世纪，巴西迅速增长的人口定居在亚马孙热带雨林的各主要地区。居民伐林取木或开辟牧场及农田致使雨林急剧减少。2005 年，亚马孙经历 100 年来最严重的干旱，连续第二年干旱。2006 年 7 月 23 日，英国《独立报》网站报道，林洞研究中心（Woods Hole Research Center）总结指出，大量砍伐森林导致亚马孙干旱，迅速将整个地区推向一个"引爆点"，届时雨林将无可挽回地开始死亡。2016—2021 年期间，亚马孙热带雨林面积正以惊人的速度减少，平均每 8 秒就有一个足球场大小的森林在那里消失；到目前为止，亚马孙地区被毁森林总面积已达 58.2 万平方公里，比巴西巴伊亚州全州的面积还要大。世界自然基金会警告说，亚马孙地区毁林速度惊人，森林覆盖率已从原来的 80% 减少到 58%，动植物资源遭到破坏，造成水土流失、暴雨、旱灾、土地荒漠化等一系列环境问题。如果毁林事态得不到有效控制，森林已站在沙漠化的边缘，将对全球气候带来灾难性影响。

三、温室气体危害及应对气候变化的全球行动

温室气体指的是大气中能吸收地面反射的长波辐射并重新发射辐射的一些气体，比如水蒸气、二氧化碳、大部分制冷剂等。它们的作用是使地球表面变得更暖，类

似于温室截留太阳辐射并加热温室内空气的作用。水蒸气（H_2O）、二氧化碳（CO_2）、氧化亚氮（N_2O）、氟利昂、甲烷（CH_4）等是地球大气中主要的温室气体。截至 2023 年 6 月，过去 10 年全球温室气体排放量创下"历史新高"，其中每年排放的二氧化碳高达 540 亿吨，导致全球以前所未有的速度变暖。

温室气体之所以有温室效应是由于其本身有吸收红外线（一种热辐射）的能力。温室气体吸收红外线的能力是由其本身分子结构所决定的。在分子中存在着非极性共价键和极性共价键。分子也分为极性分子和非极性分子。分子极性的强弱可以用偶极矩 μ 来表示。而只有偶极矩发生变化的振动（$\Delta\mu \neq 0$）才能引起可观测的红外吸收光谱，拥有偶极矩的分子就是红外活性的；而 $\Delta\mu = 0$ 的分子振动不能产生红外振动吸收的，则是非红外活性的。也就是说，温室气体是拥有偶极矩的红外活性分子，所以才拥有吸收红外线保存红外热能的能力。

大气中的二氧化碳是植物光合作用合成碳水化合物的原料，它的增加可以增加光合产物，无疑对农业生产有利。同时它又是具有温室效应的气体，对地球热量平衡有重要影响，因此它的增加又通过影响气候变化而影响农业。此外，大气中具有温室效应的微量气体还有甲烷、氯氟烃、一氧化碳、臭氧等，总的温室效应中二氧化碳的作用约占一半，其余为以上各种微量气体的作用。

二氧化碳浓度有逐年增加的趋势，20 世纪 50 年代其质量分数年平均值约为 315×10^{-6}，70 年代初已增加至 325×10^{-6}，现已超过 345×10^{-6}，平均每年增加（$1.0 \sim 1.2$）$\times 10^{-6}$。综合多数测定结果，在工业革命以前的二氧化碳质量分数为 275×10^{-6}。

大气中二氧化碳浓度增加的主要原因是工业化以后大量开采使用矿物燃料。1860 年以来，由燃烧矿物质燃料排放的二氧化碳平均每年增长率为 4.22%，而近 30 年各种燃料的总排放量每年达到 50 亿吨左右。大气中二氧化碳增加的另一个主要原因是采伐树木作燃料。森林原是大气碳循环中的一个主要的"库"，每平方米森林可以同化 $1 \sim 2$ 公斤的二氧化碳。砍伐森林则把二氧化碳的"库"变成了又一个向大气排放二氧化碳的"源"。据联合国粮食及农业组织（FAO，1982）估计，20 世纪 70 年代末期每年约采伐木材 24 亿立方米，其中约有一半作为燃柴烧掉，由此造成的二氧化碳质量分数增加量每年可达 0.4×10^{-6} 左右。

根据以上综合分析，如果按照现在二氧化碳等温室气体浓度的增加幅度，到 21 世纪 30 年代，二氧化碳和其他温室气体增加的总效应将相当于工业化前二氧化碳浓度加倍的水平，可引起全球气温上升 $1.5 \sim 4.5 \text{℃}$，超过人类历史上发生过的升温幅度。气温升高，两极冰盖可能缩小，融化的雪水可使海平面上升 $20 \sim 140 \text{cm}$，对沿海城市会有严重的直接影响。

全球气候变化给世界带来巨大挑战，改变了地球的物理化学过程，威胁人类生命健康，甚至是生存安全。气候资源是全球公共物品，应对气候变化需要全人类的集体行动。为号召全球各国积极应对气候变化，1979 年在瑞士日内瓦召开了第一次世界气候大会，会上发出警告：大气中二氧化碳浓度增加将导致地球升温。

气候变化第一次作为一个受到国际社会关注的问题提上议事日程。1990 年又召开了第二次世界气候大会，现在世界公认第二次世界气候大会为现代气候学革命的开端。

为阻止全球变暖趋势，1992 年 5 月 9 日联合国专门制定了《联合国气候变化框架公约》，于同年 6 月在巴西里约热内卢召开的由世界各国政府首脑参加的联合国环境与发展会议期间开放签署。1994 年 3 月 21 日，该公约生效，具有法律约束力，终极目标是将大气温室气体浓度维持在一个稳定的水平，在该水平上人类活动对气候系统的危险干扰不会发生。依据该公约，根据"共同但有区别的责任"原则，公约对发达国家和发展中国家规定的义务以及履行义务的程序有所区别，要求发达国家作为温室气体的排放大户采取具体措施限制温室气体的排放，并向发展中国家提供资金以支付他们履行公约义务所需的费用。而发展中国家只承担提供温室气体源与温室气体汇的国家清单的义务，制订并执行含有关于温室气体源与汇方面措施的方案，不承担有法律约束力的限控义务。发达国家同意在 2000 年之前将他们释放到大气层的二氧化碳及其他温室气体排放量降至 1990 年时的水平。另外，这些每年二氧化碳合计排放量占到全球二氧化碳总排放量 60% 的国家还同意将相关技术和信息转让给发展中国家，这有助于后者积极应对气候变化带来的各种挑战。我国于 1992 年 11 月 7 日经全国人大批准《联合国气候变化框架公约》并于 1993 年 1 月 5 日将批准书交存联合国秘书长处。截至 2023 年 10 月，正式批准加入该公约的缔约国共有 198 个。

《巴黎协定》是 2015 年 12 月 12 日在巴黎气候变化大会上通过、2016 年 4 月 22 日在纽约签署的气候变化协定，为 2020 年后全球应对气候变化行动和落实作出安排，可以说这是人类气候治理史上的里程碑，展示了人类加强全球应对气候变化威胁的决心。在该协定中，以下几个数字和目标最为关键：将全球平均升温控制在工业革命前的 2℃ 以内，争取控制在 1.5℃；要尽快实现全球温室气体排放达到峰值，最重要就是要到 21 世纪下半叶让全球实现温室气体净零排放；2030 年，全球温室气体排放要降到 400 亿吨，这是个不小的挑战；2023 年起，每 5 年对全球行动总体进行一次盘点，来激励各国加强各自行动，加强国际合作，实现全球应对气候变化的长期目标。

碳中和，也叫碳补偿，是指标的物温室气体排放导致大气中全球温室气体排放量净增长为零的情形和状态，即企业、团体或个人通过测算在一定时间内直接或间接产生的标的物温室气体排放量，然后通过植树造林、节能减排等方式抵消自身产生的温室气体排放量，从而达到"零"碳排放的目的，也就是让温室气体"收支相抵"而排放为"0"。这是人们对地球变暖的现实进行反思、自省后的自律，是觉醒后的积极行动，通常可以通过推动使用再生能源和植树造林等方式实现碳中和。碳中和最初由环保人士倡导，逐渐得到越来越多民众的支持，并成为各国政府所重视的实际绿化行动。碳达峰就是指碳排放进入平台期后在某一个时点二氧化碳的排放不再增长达到峰值，之后逐步回落进入平稳下降阶段。碳达峰是二氧化碳排放量由增转降的历史拐点，标志着碳排放与经济发展实现脱钩，达峰目标包括达峰年份和峰值。碳达峰与碳中和一起简称为"双碳"，是现代人为减缓全球变暖所作出的主要努力之一。

四、中国气候"双碳"行动

中国是最早制定应对气候变化国家方案的发展中国家，一直以来积极制定和实施符合国情特征的本土应对气候变化的国家战略，推进减缓、适应气候变化各项行动，加快发展方式绿色转型，坚定落实《巴黎协定》，积极参与全球气候治理，提高国家自主贡献力度，应对气候变化能力建设取得举世瞩目的成就，减缓气候变化的绩效受到国际社会积极肯定。中国是《联合国气候变化框架公约》首批缔约方之一，也是联合国政府间气候变化专门委员会（IPCC）发起国之一，一直是倡导建立公平合理的新型全球气候治理体系的推动者，在推进全球气候治理实践中发挥了不可替代的巨大作用。

中国政府高度重视并积极应对气候变化。2007年，我国成立了"国家应对气候变化领导小组"。同年，发布了《中国应对气候变化国家方案》，这是发展中国家第一个应对气候变化的国家级方案。方案中提出到2010年中国单位GDP能耗在2005年基础上减少20%左右的目标。我国还在《可再生能源中长期发展规划》中提出到2010年使可再生能源消费量达到能源消费总量的10%，到2020年达到15%左右。为确保这些目标的实现，采取了一系列强有力的相关政策措施，成效显著。按照《中国应对气候变化国家方案》，2013年我国将全面开展省级应对气候变化方案工作，以确保应对气候变化国家方案的切实贯彻实施。此外，我国的经济刺激方案安排了2100亿元用于节能减排和生态工程，3700亿元用于调整结构和技术改造。民生工程为4000亿元，主要用于保障性住房建设，将积极采用节能环保材料；农村的民生工程3700亿元，目标是以可持续、环保的方式提高农村生活水平。在努力应对气候变化的同时，需要强调的是，在2007年我国是一个人均GDP只有3000美元的低收入发展中国家。按照联合国的贫困标准，我国当时尚有1.5亿贫困人口。中国别无选择，面临着发展经济、消除贫困和减缓温室气体排放的多重压力。在这一过程中，国际社会相信中国会在力所能及的范围内积极采取措施应对气候变化。中国本着对本国人民、对全人类利益高度负责的态度采取积极措施应对气候变化，为保护全球气候系统做出了巨大的新贡献。

面对严峻的形势，我国提出了进一步的态度和承诺：到2030年，单位国内生产总值二氧化碳排放将比2005年下降65%以上，非化石能源占一次能源消费比重将达到25%左右，森林蓄积量将比2005年增加60亿立方米，风电、太阳能发电总装机容量将达到12亿千瓦以上。在加入《巴黎协定》后，我国就将"主动控制碳排放，落实减排承诺"写入了"十三五"规划。在《中共中央关于制定国民经济和社会发展第十四个五年规划和二〇三五年远景目标的建议》中，我们也可以找到"制定二〇三〇年前碳排放达峰行动方案"的描述。我国作为全球率先提出碳中和目标的发展中国家，将对全球各国提升目标、强化行动起到引领性的作用。2020年12月12日，我国在气候雄心峰会上重申中国"将努力争取2060年前实现碳中和"的承诺，显示了实现碳中和的信心和决心。其他各国也根据《巴黎协定》缓解、适应和融资承诺三大支柱作出新的承诺，提出碳中和目标。2021年10月26日，国务院印发《2030年前碳达峰行动方案》，承诺在2030年前二氧化碳的排放不再增长，达到峰值之后再慢慢减下去。把对世界的承诺写入自己的发展规划中，中国以一贯的规划意识和行动力说到做到，让全球看到了中国政府在应对气候变化问题上的巨大决心、全球责任担当。2021年，我国加快向碳达峰碳中和目标进发。2021年10月26日，国务院新闻办公室发表《中国应对气候变化的政策与行动》白皮书，介绍了中国实施积极应对气候变化国家战略：不断提高应对气候变化力度，强化自主贡献目标，加快构建碳达峰碳中和"1+N"政策体系。坚定走绿色低碳发展道路，实施减污降碳协同治理，积极探索低碳发展新模式。加大温室气体排放控制力度，有效控制重点工业行业温室气体排放，推动城乡建设和建筑领域绿色低碳发展，构建绿色低碳交通体系，持续提升生态碳汇能力。充分发挥市场机制作用，持续推进全国碳市场建设，建立温室气体自愿减排交易机制。推进和实施适应气候变化重大战略，持续提升应对气候变化支撑水平。

提出更大的目标、面对更重的责任，中国的信心来自哪里？国内的多个新能源技术研发中心同国内外知名企业、多所高等院校合作将陆上风电建设成本控制在7000~8000元/千瓦，光伏建设成本控制在4000~5000元/千瓦，分别较10年前下降了20%和50%。今后还要依托科技创新、基地型规模化和多能互补发展进一步降低风电、光伏的系统成本，让新能源在深度低碳转型中更加富有竞争力。在新增装机方面也定下了目标：到"十四五"末，低碳清洁能源装机占比超过50%。这样一个个的"小目标"组成了中国的"大目标"，而每一个目标都是中国的承诺。作为发展中大国，每一个目标的完成都在全球气候治理中贡献了一份中国力量和中国智慧，充分体现了中国主动践行全球气候治理的大国责任。

《科技支撑碳达峰碳中和实施方案（2022—2030年）》中系统提出科技支撑碳达峰碳中和的创新方向，并重点突出了能源清洁低碳、零碳利用技术、低碳与零碳工业流程再造技术、建筑交通低碳零碳技术、碳减排技术、前沿颠覆性低碳技术等方向。《科技支撑碳达峰碳中和实施方案（2022—2030年）》出台以来，上海、江苏、安徽、河北等多个地方政府纷纷出台地方科技支撑碳达峰碳中和实施方案，其中煤炭清洁高效利用、可再生能源、氢能、储能、智慧电网、可控核聚变、碳捕集利用与封存、工业流程再造、生态碳汇、碳排放监测等技术成为各地重点发力方向。

五、二氧化碳人工合成淀粉

淀粉是面粉、大米、玉米等粮食的主要成分，同时也是重要的工业原料。目前，淀粉主要由绿色植物通过光合作用合成。但农作物种植通常需要数月的周期，还要使用大量的土地、淡水、肥料等资源。因此，人工合成淀粉一直是科技领域的一个重大课题，关于人工合成淀粉的课题很早就有。人工合成淀粉可直接获得食物，节约耕地和淡水资源，避免农药、化肥等对环境带来的负面影响。即使其由于纯度问题而仅能作为工业原料甚至饲料，也能缓解农业压力。但是人工合成淀粉的合成路线中所含科学问题非常复杂，有很多的不确定性，所以人工合成淀粉这一项目一直处于瓶颈期。2021 年 9 月 24 日，国际顶级期刊 *Science* 杂志上发表题为 "Cell-free Chemoenzymatic Starch Synthesis from Carbon Dioxide" 的论文介绍了中国科学院天津工业生物技术研所马延和科研团队重大突破性进展：使用二氧化碳作为原料直接合成淀粉。这是该团队集聚所内外创新资源、加强学科台整合合作、集中力量从 2015 年连续奋战 6 年的成果。

CO_2 直接合成淀粉的途径可以看作现代催化化学与合成生物学相结合的产物：首先把高度 CO_2 在高密度氢能条件下用无机催化剂还原为甲醇，其次采用定向进化技术人工设计碳一聚合新酶，利用该酶催化作用甲醇发生聚合反应合成三碳，最后优化三碳合成六碳的生物合成途径。该途径的核心关键是定向设计制造了碳一聚合新酶，实现了 C_1 直接聚合成 C_3 合物。通过反应时空分离优化解决了人工途径中底物竞争、产物抑制等问题，从而使无机 CO_2 固定到合成淀粉只需简单的 11 步，实现了从二氧化碳到淀粉的人工转化，并且该途径合成淀粉的速率竟是玉米淀粉合成速率的 8.5 倍。

该研究成果是国际首次在体外实现从头合成淀粉，是"从 0 到 1"的突破，是发展生物制造解决全球危机问题的里程碑，不仅可解决食物短缺问题，也有望促进碳中和目标的达成。中国科学家总共生产了三代产品：从 0 到 1.0，花了 3 年探索出了凭"空"造淀粉的方式，在酶的作用下将 CO_2 变成甲醇，最后再变成淀粉，实现从无到有，但合成产量只有 30 毫克/升；从 1.0 到 2.0，科学家通过改造旧酶、设计新酶、使用不同酶组合等多种手段加快反应效率和产量，将淀粉合成产量提升了约有 8 倍，达到 200～300 毫克/升；从 2.0 到 3.0，生产方式升级，淀粉合成产量达到 1600 毫克/升，而且淀粉种类也更多了。2022 年 4 月 26 日，该项目获得 2022 年度天津市科学技术奖自然科学特等奖。多年来，该团队一直没"闲着"，致力于降低成本、尽快实现产业化。2022 年，他们就搭建了更大的测试平台，设备容量达到了"吨"级别。参与学者也越来越多，为的是提高效率和产量的同时希望在将来能精准控制造出更多有机物。如今他们依然还在不断努力中，相信用不了多久就能将合成淀粉成本降下来，降低到和农业种植一样，甚至更低的程度，到时候也许就能真正实现不用耕种就有"饭"吃！

一、课程思政要素挖掘

1. 责任担当

实现碳达峰与碳中和是全球共同面临的重大挑战，每个人、每个国家都肩负着重要责任。这体现了对地球生态环境的责任担当，教育学生要认识到自己在环境保护中的角色，从自身做起，为实现"双碳"目标贡献力量。

2. 科学精神

达成"双碳"目标需要依靠科学技术的创新和发展。这要求学生具备严谨的科学态度、勇于探索的精神和创新思维，积极投身于相关领域的学习和研究，为解决气候变化问题提供科学依据和技术支持。

3. 可持续发展理念

碳中和与碳达峰是可持续发展的重要内容，强调经济、社会和环境的协调发展。通过学习让学生深刻理解可持续发展的重要性，树立正确的发展观，在未来的工作和生活中践行可持续发展理念。

4. 合作共赢精神

应对气候变化是全球性问题，需要各国之间的合作与共同努力。培养学生的全球视野和合作意识，让他们认识到在国际事务中各国应携手合作，共同应对挑战，实现共同发展。

5. 绿色生活方式

推动"双碳"目标的实现还需要每个人养成绿色生活方式。引导学生树立环保意识，节约资源、减少浪费，选择低碳出行、绿色消费等生活方式，为环境保护做出贡献。

二、融入教育教学的方法

1. 课堂讲授

在相关课程中结合碳中和与碳达峰的知识点，融入课程思政要素。讲解"双碳"目标的重要性、实现途径以及面临的挑战，引导学生思考责任担当、科学精神等问题。

2. 案例分析

引入国内外实现碳中和与碳达峰的成功案例和失败案例进行深入分析，让学生在案例中体会科学精神、合作共赢精神的重要性，同时思考如何从失败案例中吸取教训。

3. 实践教学

组织学生参与与"双碳"目标相关的实践活动，比如节能减排宣传、绿色校园建设等。让学生在实践中亲身体验"双碳"目标的重要性，培养他们的实践能力和责任感。

4. 小组讨论与汇报

将学生分成小组围绕碳中和与碳达峰的某个主题进行讨论，比如"如何在日常生活中实现碳中和""国际合作在'双碳'目标中的作用"等。然后每个小组进行汇报，分享他们的讨论结果和思考，培养学生的合作意识和表达能力。

5. 多媒体教学

利用图片、视频、动画等多媒体资源展示气候变化的影响、双碳目标的意义以及实现途径。通过直观的视觉冲击激发学生的学习兴趣和情感共鸣，增强课程思政的效果。

三、教育教学效果评估

1. 学生反馈

通过问卷调查、课堂讨论、课后作业等方式收集学生对课程中融入"双碳"目标思政要素的反馈意见。了解学生对双碳目标的认识和理解程度以及课程思政对他们的价值观和行为的影响。

2. 学习成果评估

考查学生在相关课程中的学习成绩、实践报告、论文等成果。分析学生在知识掌握、能力提升和价值观培养等方面的变化，评估课程思政的教学效果。

3. 行为观察

观察学生在日常生活中的行为表现，看是否有节约资源、减少浪费、选择绿色生活方式等方面的改变。例如是否主动关闭电器、是否选择低碳出行等。通过行为观察进一步评估课程思政对学生的实际影响。

📁 **参考文献** ●

［1］方正军，易兵．化学化工类课程思政精选案例［M］．北京：化学工业出版社，2021．

［2］孙建强，周珊珊．环境专业课程思政教学设计案例［M］．杭州：浙江大学出版社，2022．

［3］科技部，国家发展改革委，工业和信息化部，等．科技支撑碳达峰碳中和实施方案（2022—2030 年）［EB/OL］．2022-06-24［2024-10-28］．https://www.gov.cn/zhengce/zhengceku/2022-08/18/5705865/files/94318119b8464e2583a3d4284df9c855.pdf.

案例 12

中国环境修复的发展历史与成就

一、中国环境修复发展历史

我国环境修复的发展历程也是生态文明建设的发展历史，从最初的环境保护到现在的可持续发展，其间有曲折也有进步，主要分为四个阶段：

1. 探索起步阶段（1978—1991 年）

1979 年，我国历史上第一部关于环境保护的基本法律《中华人民共和国环境保护法（试行）》正式颁布，标志着我国环境保护从此有法可依，法律开始为环保工作保驾护航。1983 年第二次全国环境保护工作会议召开，环境保护被确定为我国的一项基本国策，同时提出环境保护的三大政策和八项管理制度，为加强环保工作奠定了制度基础。这些环境保护法律的制定，标志着我国环境保护步入法制化轨道，也是生态文明理论探索的萌芽。

2. 初步形成阶段（1992—2002 年）

1992 年联合国环境与发展大会通过的《21 世纪议程》，提出了"可持续发展"的新观念、新战略。党的十四大把加强环境保护列为改革开放和现代化建设的任务之一，我国环保历程中的规模化环境治理由此开始。1994 年，国务院常务会议通过《中国 21 世纪议程》，确立了中国 21 世纪可持续发展的总体战略框架。国家"九五"计划提出，转变经济增长方式、实施可持续发展战略。党的十五大报告明确将可持续发展战略作为国家战略；2000 年国务院印发《全国生态环境保护纲要》，明确提出全国生态环境保护的指导思想、基本原则、主要内容和目标要求。该阶段诸多战略的制定、法律的出台，标志着我国生态文明建设理论逐步形成。

3. 发展突破阶段（2003—2011 年）

2003 年中共中央、国务院出台《关于加快林业发展的决定》，提出建设山川秀美的生态文明社会。2005 年，国务院发布《关于落实科学发展观加强环境保护的决定》，倡导生态文明，强化环境法治，切实把经济社会发展转入全面协调可持续发展的轨道。党的十七大首次提出"建设生态文明"的执政理念，赋予生态文明建设与其他建设在全面建设小康社会进程中同等重要的地位。这一阶段生态文明建设从国家决策层面不断得到重视和提升，为我国生态文明建设理论体系的建立完善奠定了重要基础。

4. 完善提升阶段（2012年至今）

2012年，党的十八大报告中多次提到生态和生态文明，第一次将生态文明建设作为一个章节进行阐述，第一次响亮发出"建设美丽中国"的号召，使生态文明建设地位大大升格。之后把生态文明建设作为统筹推进"五位一体"总体布局的重要内容进行顶层设计。2015年中共中央、国务院印发的《关于加快推进生态文明建设的意见》则进一步明确了生态文明建设的总体要求、目标愿景、重点任务等，使生态文明建设在体系上更趋于系统完善。2017年，党的十九大报告在生态文明建设问题上又有新的创新，提出"像对待生命一样对待生态环境""我们要建设的现代化是人与自然和谐共生的现代化，既要创造更多物质财富和精神财富以满足人民日益增长的美好生活需要，也要提供更多优质生态产品以满足人民日益增长的优美生态环境需要"。2018年5月，习近平总书记在全国生态环境保护大会上指出，加大力度推进生态文明建设、解决生态环境问题，坚决打好污染防治攻坚战，推动我国生态文明建设迈上新台阶。2022年，党的二十大报告指出"必须牢固树立和践行绿水青山就是金山银山的理念，站在人与自然和谐共生的高度谋划发展""推动绿色发展，促进人与自然和谐共生""我们要推进美丽中国建设，坚持山水林田湖草沙一体化保护和系统治理，统筹产业结构调整、污染治理、生态保护、应对气候变化，协同推进降碳、减污、扩绿、增长，推进生态优先、节约集约、绿色低碳发展"。

这一阶段环境修复政策体系不断完善，治理力度持续加大，成效显著：

（1）政策法规体系完善。落实党的十八大"最严格制度保护生态环境"要求，2013年发布《大气污染防治行动计划》（"大气十条"），2015年实施《水污染防治行动计划》（"水十条"），2016年出台《土壤污染防治行动计划》（"土十条"），形成"三大战役"治理框架。2018年《中华人民共和国土壤污染防治法》实施，填补法律空白；2020年修订《中华人民共和国固体废物污染环境防治法》，强化固废管理。

（2）污染治理投资加大。2016—2020年，中央财政累计安排生态环保相关资金超1.7万亿元，2021—2023年继续增长，重点支持土壤修复、黑臭水体治理等。截至2023年，全国累计完成1.8万多个行政村环境整治，修复污染耕地2000多万亩，治理工业污染地块1000余块。

（3）重点领域修复成效。

大气治理：2023年全国$PM_{2.5}$平均浓度降至$29\mu g/m^3$，较2015年下降42%。

水环境改善：2023年地表水优良水质断面比例达89.4%（2012年仅61%），劣V类水体基本消除。

土壤修复：受污染耕地安全利用率达 90%以上，重点建设用地安全利用得到有效保障。

（4）技术创新与产业壮大。环境修复产业规模突破万亿元，涌现一批专业化企业。2023 年，全国生态环保类专利授权量超 10 万件，技术应用加速（如原位热脱附、生物修复等）。

这一阶段以法治化、系统化治理为核心，环境质量明显改善，但仍面临历史遗留污染、资金与技术瓶颈等挑战，未来将向精准化、低碳化修复升级。

二、中国生态修复惊人成就

我国的生态系统（尤其是陆地生态系统）在历史上有大面积的退化。然而，新中国成立后，沙漠化防治等生态系统的恢复工作取得了令世人惊叹的成就。受气候变化、水需求量增加以及灌溉土壤盐碱化等因素影响，全球正面临沙漠化的威胁。在过去的 50 年间，全球有 6500 万公顷的耕地和牧场被沙漠吞噬。然而，我国不但土地荒漠化和沙漠化整体得到遏制，而且创造了无数生态奇迹，令世人惊叹。纵观人类历史，人类和沙漠在进退之间的博弈曾反复上演。在 1949 年之后，尤其是最近40 年来，政府主导与民众参与相结合、自然修复与人工治理相结合、法律约束与政策激励相结合、重点突破与面上推进相结合、讲求科学与艰苦奋斗相结合、治理生态与改善民生相结合，真正实现了由"沙进人退"到如今"人进沙退"的历史性转变，比如毛乌素沙地、库布齐沙漠、浑善达克沙地、科尔沁沙地、塞罕坝沙地……在中国共产党领导下，各地群众、政府和企业携手治沙，以顽强的意志和不屈的精神代代接力书写了一部荒漠化治理的英雄史诗，经过多年建设在北方建起一道神奇的阻沙、防风、涵水的生态"奇迹岭"，并为全球荒漠化治理贡献中国智慧。从 2004年以来，我国荒漠化和沙化土地面积，连续 3 个监测期均保持缩减态势。"十三五"以来，全国累计完成防沙治沙任务 880 万公顷。防沙治沙的中国方案、中国经验举世瞩目，国际社会纷纷点赞"世界荒漠化防治看中国"！

曾几何时，由于气候变化及人类活动的不断加剧，黄河、黑河、塔里木河长期断流，导致极度脆弱的生态系统岌岌可危。21 世纪初，国家启动以"三大河流"综合治理为标志的生态修复工程，取得显著成效：黄河连续 23 年功能性不断流，黑河尾闾居延海再现湿地景观，塔里木河下游生态输水复流至台特玛湖，成为人类促进生态系统修复的经典成功范例。

塔里木河位于新疆维吾尔自治区塔里木盆地北部，发源于天山山脉及喀喇昆仑山，沿塔克拉玛干沙漠北缘，穿过阿克苏、沙雅、库车、轮台、库尔勒、尉犁等县（市）南部，最后流入台特玛湖。塔里木河流域面积超过 102 万平方公里，全长 2486公里，为中国最长的内陆河、世界第五大内陆河。塔里木河由环塔里木盆地的阿克苏河、喀什尔河等九大水系 144 条河流支系组成，覆盖了我国约 10%、占新疆六成以上的国土面积,涉及 5 个地州、45 个县市和 4 个新疆生产建设兵团师 57 个团场、1000 余万人,灌溉土地面积 4594 万亩。20 世纪 50 年代以来,受气候变化和人类活动影响,塔里木河流域生态环境持续恶化,河道断流、湖泊干涸、风沙肆虐。1993 年,中国科学院将塔里木河研究列为区域发展前期研究项目。1996 年,由中国科学院新疆生态与地理研究所牵头、相关单位参加的"九五"攻关项目"塔里木河流域整治生态环境保护研究"立项。历时多年科技攻关解决了塔里木河流域干旱区天然植被生理态响应机理和适应策略、恢复潜力和实现大规模生态恢复等一系列关键性科学问题。进入 21 世纪,塔里木河流域生态综合治理驶入"快车道"。2001 年 6 月,为拯救新疆人民的"母亲河",国务院批复了《塔里木河流域近期综合治理规划报告》,启动实施塔里木河流域近期生态环境综合治理项目。据新疆里木河流域管理局有关负责人介绍,项目总投资 107.39 亿元,建设地点分布在南疆 5 个地州、29 个县市和兵团 4 个师、18 个团场,目标是通过实施灌区节水改造、地下水开发利用、河道理、博斯腾湖输水系统、生态建设保护、山区控制性水利枢纽、流域水资源统一调度管理等大类措施,实现"四源一干"总节水量 26.6 亿立方米("四源"分别是发源于天山的阿克苏河、发源于喀喇昆仑山的叶尔羌河、发源于昆仑山和喀喇昆仑山的和田河以及开都河,"一干"指塔里木河干流),在多年平均来水条件下,塔里木河干流阿拉尔(断面)来水量达到 6.5 亿立方米,向大西海子水库以下下泄生态水 3.5 亿立方米,使干流上中游林草植被得到保护和恢复,下游生态环境得到初步改善。

2001—2021 年累计生态输水 81.92 亿立方米,有效恢复和改善植被面积 2285 平方千米,遏制了沙进林退的困局,流域生物多样性和生态系统的稳定性显著增强。随着水资源总量控制等措施的实施,塔里木河生态"红利"不断释放,成为新时代南疆大地各族人民与自然和谐共生的福祉所在。

 教学分析 •••

一、课程思政要素挖掘

1. 责任感与使命感

我国环境修复的发展历程体现了人们对环境保护的责任感和使命感。从过去对环境问题的忽视到如今积极投入环境修复工作反映出人们对子孙后代负责、对国家和民族未来负责的态度。这可以教育学生树立强烈的社会责任感,积极参与到环境保护和修复的行动中。

2. 科学精神与创新意识

环境修复需要依靠科学技术的不断进步。在我国环境修复的发展过程中,科研人员不断探索创新,研发出各种先进的修复技术和方法。以此为例可以培养学生的科学精神和创新意识，鼓励他们在学习和工作中勇于探索、敢于创新，为解决环境问题贡献智慧和力量。

3. 艰苦奋斗与持之以恒

环境修复是一项长期而艰巨的任务，需要付出大量的努力和时间。在我国环境修复的过程中，无数环保工作者不畏艰难，艰苦奋斗，持之以恒地推进各项工作。这可以教育学生在面对困难和挑战时要有坚韧不拔的毅力和吃苦耐劳的精神，坚持不懈地追求自己的目标。

4. 合作共赢与团队精神

环境修复往往需要多部门、多领域的合作。在我国环境修复的实践中，政府、企业、科研机构、社会组织等各方力量共同参与，形成了合作共赢的良好局面。这可以培养学生的合作意识和团队精神，让他们学会与他人合作，共同解决复杂的问题。

5. 生态文明理念与可持续发展观

我国环境修复的发展历程是对生态文明理念和可持续发展观的生动实践。通过环境修复，我们不仅改善了生态环境，还促进了经济社会的可持续发展。这可以引导学生树立正确的生态文明理念和可持续发展观，认识到环境保护与经济发展的辩证关系，为实现人与自然的和谐共生而努力。

二、融入教育教学的方法

1. 课堂讲授

在相关课程中结合我国环境修复的发展历程，融入课程思政要素。通过讲解环境修复的重要性、发展历程、技术方法等内容引导学生思考责任感、科学精神、团队合作等问题。

2. 案例分析

引入我国环境修复的典型案例，比如土壤修复、水体修复、矿山修复等，进行深入分析，让学生在案例中体会环境修复的实际效果和重要意义，同时思考如何运用所学知识解决实际问题。

3. 实践教学

组织学生参与环境修复的实践活动，比如实地考察环境修复项目、开展环保志愿者活动等。让学生在实践中亲身体验环境修复的过程，增强他们的环保意识和实践能力。

4. 小组讨论与汇报

将学生分成小组围绕我国环境修复的某个主题进行讨论，比如"环境修复的技术创新""环境修复中的合作共赢"等。然后每个小组进行汇报，分享他们的讨论结果和思考，培养学生的合作意识和表达能力。

5. 多媒体教学

利用图片、视频、动画等多媒体资源展示我国环境修复的发展历程和成果。通过直观的视觉冲击，激发学生的学习兴趣和情感共鸣，增强课程思政的效果。

三、教育教学效果评估

1. 学生反馈

通过问卷调查、课堂讨论、课后作业等方式收集学生对课程中融入我国环境修复思政要素的反馈意见。了解学生对环境修复的认识和理解程度以及课程思政对他们的价值观和行为的影响。

2. 学习成果评估

考查学生在相关课程中的学习成绩、实践报告、论文等成果。分析学生在知识掌握、能力提升和价值观培养等方面的变化，评估课程思政的教学效果。

3. 行为观察

观察学生在日常生活中的行为表现，看是否有环保意识的提高、责任感的增强、团队合作能力的提升等，例如是否主动参与环保活动、是否节约资源、是否与他人合作等。通过行为观察进一步评估课程思政对学生的实际影响。

📁 参考文献

［1］鞠美庭. 环境类专业课程思政教育内容选编［M］. 北京：化学工业出版社，2022.

［2］孙建强，周珊珊. 环境专业课程思政教学设计案例［M］. 杭州：浙江大学出版社，2022.

先行者蕾切尔·卡逊与全球环保事业

蕾切尔·卡逊（Rachel Carson，1907 年 5 月 27 日—1964 年 4 月 14 日），世界环境保护运动的先驱，美国海洋生物学家、作家。代表作有《海风下》（1941）、《我们身边的海洋》（1951）、《海之滨》（1955）和《寂静的春天》（1962）等。

一、海洋三部曲：科学与诗意的交响

蕾切尔·卡逊出生于宾夕法尼亚州匹兹堡市泉溪镇的一个农民家庭，从小就对大自然、野生动物怀有浓厚兴趣，1929 年毕业于宾夕法尼亚女子学院，1932 年获霍普金斯大学动物学硕士学位。1936 年，蕾切尔·卡逊战胜了当时对妇女在行政部门工作的歧视，通过了严格的考试筛选，作为水生生物学家成为渔业管理局（现已更名为"美国鱼类和野生动植物管理局"）的第二位受聘女性，在长达 15 年期间撰写了大量关于环境保护方面的文章并编辑了许多科学文献,描绘和表现大自然的强度、活力和能动性、适应性是她的最大乐趣。《海风下》《我们身边的海洋》《海之滨》是蕾切尔·卡逊作为海洋生物学家和畅销书作者一生最重要及成就最高的系列作品，写作、成书于 1931—1955 年的 20 多年时间,全套书用文学语言将艺术般的海洋展现在了读者面前,使读者感悟到科学家严谨的知识讲述和哲学家对生命透彻的思考，这也是此"海洋三部曲"能够持续畅销至今的原因。

二、《寂静的春天》：写作背后的科学坚守

1958 年 1 月，卡逊收到她的一位朋友——原《波士顿邮报》作家奥尔加·欧文斯·哈金斯（Olga Owens Huckins）从马萨诸塞州寄来的一封信。哈金斯在信中写道：1957 年夏天，该州政府租用的一架飞机为消灭蚊子喷洒 DDT 时，飞过她和她丈夫在达克斯伯里的两英亩私人禽鸟保护区上空，第二天，她的许多鸟儿都死了。哈金

斯为此感到十分震惊，于是她给《波士顿先驱报》写了一封长信，又给卡逊写了这个便条，附上那封信的复印件，请这位已经成名的作家朋友在首都华盛顿找找什么人帮帮她的忙，希望不要再发生像这类喷洒的事了。

DDT（双对氯苯基三氯乙烷，俗名滴滴涕）是由科学家在 1874 年合成的一种化学物质，但直到 1939 年，瑞士化学家、昆虫学家保罗·米勒（Paul Miller，1899—1965 年）才发现这种物质可以作为非常有效的杀虫剂，并于 1948 年获得诺贝尔生理学或医学奖。在第二次世界大战期间，为防止瘟疫，大量 DDT 被使用，挽救了数百万人的生命。而且，这种杀虫剂在 1943 年后被广泛地用于日常生活中的杀虫，特别是用来有效地控制和预防蚊虫带来的疟疾以及黄热病、斑疹伤寒等各种流行病，也被用于农业以防止农业病虫害，使农作物大幅度增产，成为风靡一时的杀虫剂。20 世纪 40～70 年代，DDT 在控制农业害虫、增加世界农产品产量、缓解二战后人口快速增长与粮食短缺的矛盾等方面发挥出了巨大的作用。与此同时，DDT 通过控制传播疾病的媒介——害虫，在阻断疟疾、斑疹伤寒等疾病的传播方面也做出了不可磨灭的贡献。

可此时人们还没有意识到，DDT 的使用还会带来另外一些意想不到的后果。DDT 是人类历史上第一种有机合成氯类杀虫剂，作为多种昆虫接触性毒剂有很高的毒效，尤其用于扑灭传播疟疾的蚊子。但是应用 DDT 这类杀虫剂就像是与魔鬼做交易：杀虫谱广，杀灭蚊子和其他害虫可使农作物收益提高，但对蜜蜂等有益昆虫也有很强的致死效果；更可怕的是，在接受过 DDT 喷洒后，许多种昆虫能迅速繁殖抗 DDT 种群；此外，由于 DDT 会积累于昆虫体内，这些昆虫成为其他动物的食物后，那些动物尤其是鱼类、鸟类则会中毒而被危害，所以喷洒 DDT 获得了近期利益却牺牲了长远利益。

卡逊在渔业管理局工作时就开始了解有关 DDT 对环境产生长期危害的研究情况，她的两位同事在 20 世纪 40 年代就曾经写过有关 DDT 危害的文章；卡逊自己在 1945 年也给《读者文摘》寄过一篇关于 DDT 危险性的文章，她在文中提出是否可以在该刊物上谈谈这方面的故事，但是遭到了拒绝。哈金斯提到大幅度喷洒杀虫剂的事使卡逊的心灵受到极大的震撼，只是哈金斯的要求卡逊无力办到，她觉得最有效的方法还是在杂志上提醒公众，可出版界不感兴趣，于是卡逊决定自己来做，也就是她自己后来说的，哈金斯的信"迫使我把注意力转到我多年所一直关注的这个问题上来"，决定要把这个问题写出来，让更多人都知道。作为当时已经是一位有世界影响的科学家，卡逊能够得到著名生物学家、化学家、病理学家和昆虫学家的帮助，她掌握了许多杀虫剂、除草剂的过量使用造成野生生物大量死亡的证据。本来，她只是计划用一年的时间来写本小册子。后来，随着资料阅读的增多，卡逊感到问题比她想象的要复杂得多，并非一本小册子就能够说清楚并让人信服的。这样，从开始意识到"必须要写一本书"到尽可能搜集一切资料，阅读了数千篇研究报告和文章，她写出了一系列的文章，先是在美国著名杂志《纽约客》上连载发表，在此基础上 1962 年以《寂静的春天》（Silent Spring）之名出版。卡逊为此共花去了近五年的宝贵时间，其间她的个人生活也正经受着极大的不幸和痛苦——确诊乳腺癌并进行了切除手术和放射治疗，卡逊以极大的毅力实现了她的目标。

这本具有重大影响的惊世之作共有 17 章，从各个方面分别详细地讨论了 DDT 等农药的使用对自然环境的破坏，她在书中对农业科学家的科学实践活动和政府的政策提出挑战，并号召人们迅速改变对自然世界的看法和观点。其中因杀虫剂对鸟类的影响和危害使得原本生机盎然的春天因鸟类的减少而变得"寂静"，成为此书标志性和代表性意象的标题。此书以一个 "一年的大部分时间里都使旅行者感到目悦神怡"的虚设城镇却突然被"奇怪的寂静所笼罩"开始，通过充分的科学论证表明这种由杀虫剂所引发的情况实际上就正在美国的全国各地发生，破坏了从浮游生物到鱼类、鸟类直至人类的生物链，使人患上慢性白细胞增多症和各种癌症，从而得出像 DDT 这种"给所有生物带来危害"的杀虫剂"不应该叫作杀虫剂，而应称为杀生剂"的结论。作者认为，所谓的"控制自然"乃是一个愚蠢的提法，那是生物学和哲学尚处于幼稚阶段的产物。她呼吁引进昆虫的天敌等等，"需要有多种多样的变通办法来代替化学物质对昆虫的控制"。然而，卡逊的研究和观点在当时是非常有前瞻性、反叛性和革命性的，一反当时人们沉迷于过度依赖科学技术发现和发明所带来的物质利益、经济利益和对生活的改善的情况，将人们从这种沉迷中唤醒；而要公开地讲出这些与当时流行的观念颇为不同的新观点和新立场，又是需要极大勇气的。

果然，从《纽约客》杂志发表了该系列文章的第一篇开始就引起了巨大的反响。由于威胁到生产者的利益，一些农药公司甚至试图起诉《纽约客》杂志。在《纽约客》杂志拒绝妥协后，相关的产业界又采取了一系列的手段，包括对卡逊的人身攻击和诋毁，一些学者和官员也加入反对和攻击她的行列中。《寂静的春天》尚未出版，卡逊就受到了以杀虫剂等化工产品生产商为首的化学工业界的压力和农业部等政府部门支持的各种媒体的攻击，骂她是"一个歇斯底里的妇女""杞人忧天者""自然平衡论者"。许多大公司施压要求禁止这本书的正式发行，杀虫剂生产贸易组织全国农业化学品联合会（NACA）不惜耗资 5 万美元来宣扬卡逊的错误、保护自己的经济利益，但都没有成功，反而在社会上引起更大的反响，杀虫剂开始引起全社会的广泛关注，卡逊收到了几百封邀请她去演讲的请柬。科技界、政界和工业界的许多人都认为，卡逊所提出的重要问题和书的矛头直指科技成果的正直性、道德领导性和社会的导向性，她向人们揭示了人对自然的冷漠，大胆地将滥用 DDT 的行为暴露在光天化日之下。在身患重病、面对攻击甚至是人身攻击的巨大压力下，卡逊一直坚持自己的观点，大声疾呼人类要爱护自己所生存的环境，要对自己的智能活动负责，要具有理性思维能力并与自然和睦相处。

1963 年，在哥伦比亚广播公司的一档电视节目中，卡逊和化学公司发言人进行了一场激烈的辩论，这时她的病情已经很严重，她不屈不挠的斗争引起了美国观众和社会的认同，并引起了时任美国总统约翰·肯尼迪的关注和重视。肯尼迪的科学顾问奉命要求有关人员就此问题开展调查并立即拿出一份有关杀虫剂危害生态环境的最权威报告；几经较量，最后总统科学顾问委员会公布了杀虫剂问题的报告，美国政府认同了卡逊书中的观点。同年她最后一次在公众中露面就是被邀请参加美国总统参议院听证会并作证，在会议上卡逊要求政府制定保护人类健康和环境的新政策；年底她被选为美国艺术和科学学院院士并获得许多奖项，包括奥杜本学会颁发的奥杜本奖章和美国地理学会颁发的库兰奖章。1964 年卡逊因乳腺癌不治逝世，时年 56 岁。

三、环保领域的遗产：从警示到全球行动

此后，许多公司杀虫剂的生产、销售和使用受到严格的控制乃至禁用。1972 年，美国全面禁止 DDT 的生产和使用，厂家开始向国外转移，但其后世界各国纷纷效法，目前几乎全世界已经没有 DDT 的生产厂了。在 1992 年的联合国环境与发展大会上，保护生态环境、推进可持续发展成为与会者的共识，也成为人类世界对未来发展道路和发展模式的重要选择。《寂静的春天》引发了人类社会对农药安全评估和对抗性问题的重视：从单纯追求对有机物防控，即"高效、高残留、广谱"，开始转向"高效、低残留、专一性强"，并由此延伸出了农药毒理学的评估内容。

通俗浅显的术语、抒情散文的笔调、文学作品的引用使《寂静的春天》的文章读来趣味盎然，该书连续 31 周登上《纽约时报》畅销书排行榜，当年便销售了 50 万册。《寂静的春天》成为现代环保运动的经典著作，多年来畅销不衰。其出版商 Mariner/ Houghton Mifflin 自 1987 年出版该书 25 周年纪念版以来，仅平装版便卖出了 150 万册，现在每年仍能卖掉 3 万册。

《寂静的春天》的影响越来越大，成为促使现代环境保护事业在美国和全世界迅速发展的导火线，为后来的"生态运动"发出了起跑信号，引发了美国甚至全球的现代环境保护运动，蕾切尔·卡逊也因而成为最先唤醒人们环境保护意识的先驱者，被后人尊称为"现代环保运动之母"。卡逊的研究成果和主要观点集中体现了她对人类生态环境保护的科学性、前瞻性、长远性思考，此后由她敲响的环保警钟在世界长鸣不息。卡逊开创的现代环境保护主义及其对真理不懈追求的精神和崇高的人格魅力激励着后人的理性发展。

1970 年，以她的名字命名的"蕾切尔·卡逊全国野生动物保护地"在美国缅因州建立；1980 年，美国总统卡特代表美国政府追授卡逊美国普通公民的最高荣誉——"杰出联邦公民总统奖"；1981 年，美国邮政部在她的出生地发行了一套"卡逊纪念邮票"。美国著名刊物《时代》在 2000 年 12 期即 20 世纪最后一期上将蕾切尔·卡逊评选为 20 世纪最具影响力的 100 个人物之一。在纽约大学新闻学院评选的 20 世纪 100 篇最佳新闻作品中，《寂静的春天》名列第二。《匹兹堡杂志》将卡逊评选为"世纪匹兹堡人"之一，赞扬她对现代环境保护思想和观点的开创性贡献，认为她是"现代环保运动之母"。卡逊对公众和政府加强对关注和爱护环境的呼吁最终促成了

美国国家环境保护局的建立和"世界环境日""世界地球日"的设立。

拓展链接 ••

1. 世界环境日

1972 年 6 月 5 日至 6 月 16 日，联合国在瑞典首都斯德哥尔摩召开了人类环境会议，讨论当代世界环境问题，探讨保护全球环境的战略。这是人类历史上第一次在全世界范围内研究保护人类环境的会议。这次会议提出了环境保护口号"只有一个地球"，并通过了《联合国人类环境会议宣言》，最后还建议将每年 6 月 5 日作为"世界环境日"。1972 年 10 月召开的第 27 届联合国大会通过了这一建议，规定每年 6 月 5 日为"世界环境日"，让世界各国人民永远纪念它。联合国环境规划署每年 6 月 5 日举行世界环境日纪念活动，发表环境现状的年度报告及表彰对环境保护有特殊贡献的单位和个人，并确定每年世界环境日的主题，提醒全世界注意全球环境状况和人类活动对环境的危害，强调保护和改善人类环境的重要性。

2. 世界地球日

2009 年第 63 届联合国大会决议将每年的 4 月 22 日定为"世界地球日"。该节日最初于 1970 年在美国由盖洛德·尼尔森和丹尼斯·海斯共同发起，随后影响越来越大。节日宗旨是唤起人类爱护地球、保护家园的意识，促进资源开发与环境保护的协调发展，进而改善地球的整体环境。

2007 年 5 月 27 日是蕾切尔·卡逊诞辰 100 周年，美国有十多个州在当天举办了各种形式的纪念活动，而各大报章纷纷刊文以示缅怀与纪念，并分析她的精神遗产对今日世界的重要意义。时任美国副总统的阿尔·戈尔公开表示，他当年投身环保事业正是受了卡逊女士的启迪。"《寂静的春天》播下了新行动主义的种子，并且已经深深植根于广大人民群众中。"戈尔在该书中文版的序言中写道："1964 年春天，蕾切尔·卡逊逝世后，一切都很清楚了，她的声音永远不会寂静。她惊醒的不但是我们国家，甚至是整个世界。《寂静的春天》的出版应该恰当地被看成是现代环境运动的肇始。"他甚至说："《寂静的春天》的影响可以与《汤姆叔叔的小屋》媲美。两本珍贵的书都改变了我们的社会。"

拓展链接 ••

一、从卡逊到恩格斯的郑重告诫：尚未完成的革命

蕾切尔·卡逊说过："我们关注宇宙中自然奇观和客观事物的焦点越清晰，我们

破坏它们的尝试就越少。"恩格斯在《自然辩证法》一书中也郑重告诫："我们不要过分陶醉于我们对自然界的胜利。对于我们每一次这样的胜利，自然界都报复了我们。每一次胜利在第一步都确实取得了我们预期的结果，但在第二步和第三步却有了完全不同的、出乎意料的影响，常常把第一个结果又抵消了"。唯物辩证法有个很经典的观点，即"量变引起质变"，此规律同样也适用于抗生素、化肥、农药等众多既是"功臣"又是"灾难"的人工合成化学品的使用。

比如，为了延长食品的保存时间，一些不良商家会向食品中非法添加防腐剂；为了庄稼的生长，一些农户会过量施用农药。20世纪90年代，丹麦首先报道了男性精子减少、生殖机能异常，女性性早熟、月经失调、患不孕症和子宫癌等概率增加的情况。一项对于美国加利福尼亚州农垦密集地区的研究表明，与正常妇女相比，生活在曾经用过杀虫剂农田附近的孕妇，其生育过程中更有可能由于先天性缺损而流产。1993年，美国一州法院判决一家美国化学公司向一对夫妇赔偿398万美元，理由是该公司因为一种名为"班雷特"的杀虫剂对他们造成了伤害。

农药是在农业生产中用于防治农作物病虫害、消除杂草、促进或控制植物生长的各种药剂。农药的出现确实给农业产量带来了保证，在人类发展历史中做出了杰出贡献，但农药的滥用也导致了环境问题。农药与人类的生产生活联系紧密，使用农药可以挽回粮食总产量的15%，因此合理使用农药是保障农业获得丰收的一个重要因素。进入20世纪以来，农药的生产和使用量不断增加。比如，早在1936年德国化学家施拉德就已经开始研究有机磷化合物；紧接着20世纪30~40年代出现了DDT，之后又有了狄氏剂、艾氏剂、六六六等；20世纪40年代后期，氨基甲酸酯类农药问世；1949年，拟除虫菊酯合成。《2014—2020年全球农药市场趋势与预测》报告显示，全球农药产量预计将从2013年的230万吨增至2019年的320万吨至2024年农药产量累计值达367.5万吨。这些农药具有显著的杀虫效果，但是如果不适当地长期和大量使用农药，会使环境受到农药的各类污染，而且可引发急、慢性农药中毒卫生事件，以致破坏生态平衡，对人类健康造成严重威胁。

有机氯农药曾是我国用量最大的农药，但其化学结构、性质稳定，在土壤、水体和动植物体内降解缓慢，在人体内也会有一定的积累，已成为一种主要的环境污染物，现已慢慢被淘汰，我国已于1983年开始停止生产和使用有机氯农药。中国环境保护事业也正是从1983年停止河北张家口沙城农药厂DDT生产开始的，而后于2002年全面禁止了DDT的生产和使用。

生活环境对人类的生存和健康意义重大，现代流行病学研究证明，70%~90%的人类疾病与环境有关。农药一方面能够促进农业发展，另一方面也会带来环境危害，这就需要从社会效益的角度分析使用农药对社会生产和人类生活的影响。我们应该合理使用农药，在享受农药给农业生产带来便利的同时，也要考虑农药使用对环境造成的危害，农药生产企业要研制开发环境友好型农药，一旦发现所生产的农药具有潜在的环境危害，就要自觉停止相关农药的生产。从这些农药的出现、流行到被新的农药代替就是一个更新发展的过程，而越来越多的新型农药具有低毒高效的优点。

二、中国保护环境行动

1. "两减"行动

农药和化肥是现代农业生产过程中重要的生产资料。

农药，尤其是大范围使用的化学农药，真正介入人类社会的时间不足百年。在20世纪40年代，农药产业得到快速发展，农药研发、生产与利用主要集中在美国、日本和欧洲等国家和地区，世界进入有机农药时代而我国农药研发等发展相对滞后。我国农药产业起始于20世纪50年代初四川泸州化工厂的DDT生产，经历了从无到有、从小到大的70多年发展历程。20世纪90年代中期，我国农药产业进入仿中有创、仿制结合的快速发展阶段，但因为缺少相关法律法规的约束，农药在生产、销售、使用等环节存在较多问题。最近30多年来，我国农药产业发展迅速。进入21世纪，我国农药产业逐步发展壮大，从事农药研究、生产、销售等环节的从业人数不断增加。到2005年，我国已成为世界农药生产、使用和出口第一大国；2021年我国化学农药原药产量为249.8万吨。这段时间，我国的农药产业整体呈现"五多"特点：一是生产经营企业多；二是生产数量多；三是登记产品多；四是出口数量多；五是使用农药多。《农药管理条例》的诞生、修改和完善反映了我国农药产业的发展历程。

农药在防治病虫害、保障粮食增产增收等方面发挥着至关重要的作用。由于农作物种植面积逐年扩大，病虫害发生频繁，防治难度不断加大，加之农药的不合理使用，农药使用量逐年上升。农药使用量逐年增加以及不科学、不合理地使用农药导致生产成本增加、农药残留超标、作物药害、环境污染等一系列问题，因此农药减量控害势在必行。

化肥是粮食的"粮食"，在提高单位面积农作物产量及促进农业可持续发展过程中发挥着重要作用。我国既是化肥生产大国，也是化肥使用大国。据统计，2013年，我国化肥生产量为7037万吨（折纯），农用化肥施用量为5912万吨。

2015年，农业部为大力推进农药和化肥减量增效，积极探索资源节约、产出高效、产品安全、环境友好的现代农业发展之路而印发了《到2020年农药使用量零增长行动方案》和《到2020年化肥使用量零增长行动方案》，拉开了中国大地上"两减"行动（通常指的是减药控害、减肥控肥、绿色防控等相关行动）的序幕，积极守护中国人舌尖上的食品安全。

"十三五"期间，科学技术部启动了国家重点研发计划"化学肥料和农药减施增效综合技术研发"试点专项，主要针对化肥和农药减施增效综合技术体系的关键技术、基础研究和集成应用开展全链条设计、一体化实施。经过5年的科研攻关，到

2020 年底，针对化肥和农药减量增效的"双减"行动顺利实现预期目标，农药和化肥使用量显著降低，利用率明显提高，有效地促进了农业及种植业的高质量发展。在农业生产过程中，农药、化肥投入持续优化，积极推进高效、低毒、低风险农药的使用，改善施药方式，精准用药，对靶防控，提高农药利用率；深入开展有机肥替代化肥行动，优化化肥施用结构；大力推进精准科学用药和绿色防控技术体系推广，推广高效植保药械，准确预报病虫害，推行对症用药、科学防治和适时适量用药；深入推广科学施肥技术，大力开展测土配方施肥，促进肥料统配统施，提高化肥农药利用率。建立化肥农药减施增效示范基地、统防统治与绿色防控融合示范基地，引导科学用肥、用药。

"十四五"期间，我国持续推进农药化肥减量增效行动，取得显著成效。截至 2023 年，农药使用量较 2020 年减少约 6%，化肥使用量下降约 3%，主要农作物农药利用率达 41%（较 2020 年提升 1 个百分点），化肥利用率增至 41.3%。例如，2022 年水稻、小麦等主粮作物实现化肥农药使用量连续五年负增长，绿色防控覆盖率达 54%。政策目标：力争到 2025 年化肥农药使用量持续减少，主要农作物化肥、农药利用率再提高 3 个百分点，均达到 43%。

2. 南水北调工程

2014 年 12 月 12 日，南水北调中线一期工程正式通水，中共中央总书记、国家主席、中央军委主席习近平作出重要指示，强调南水北调工程是实现我国水资源优化配置、促进经济社会可持续发展、保障和改善民生的重大战略性基础设施。经过几十万建设大军的艰苦奋斗，南水北调工程实现了中线一期工程正式通水，标志着东、中线一期工程建设目标全面实现。这是我国改革开放和社会主义现代化建设的一件大事，成果来之不易。习近平对工程建设取得的成就表示祝贺，向全体建设者和为工程建设做出贡献的广大干部群众表示慰问。习近平指出，南水北调工程功在当代，利在千秋。希望继续坚持先节水后调水、先治污后通水、先环保后用水的原则，加强运行管理，深化水质保护，强抓节约用水，保障移民发展，做好后续工程筹划，使之不断造福民族、造福人民。十年来，作为南水北调中线工程的重要水源地，丹江口库区持续深化水质保护，包括志愿者在内的广大干部群众积极参与治水护水工作，丹江口水库水质稳定在 II 类及以上标准。

2024 年 8 月，湖北省十堰市丹江口库区的环保志愿者给习近平总书记写信，汇报从事守水护水志愿服务等情况，表达牢记习近平总书记嘱托、守好一库碧水的坚定决心。2024 年 8 月 14 日，在第二个全国生态日（每年 8 月 14 日）来临之际，习总书记给志愿者们回信，对他们予以亲切勉励，并向全国的生态环境保护工作者、志愿者致以诚挚问候。习近平在回信中说，得知十年来越来越多库区群众加入志愿服务队伍，用心用情守护一库碧水，库区水更清了、山更绿了、环境更美了，他很欣慰。习近平强调，南水北调工程事关战略全局、长远发展和人民福祉，保护好水源地生态环境，确保"一泓清水永续北上"，需要人人尽责、久久为功。希望环保志愿者们继续弘扬志愿服务精神,带动更多人自觉守水护水节水,携手打造青山常在、绿水长流、空气常新的美丽中国,为推进人与自然和谐共生的现代化贡献力量。

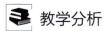 教学分析 ••

一、课程思政要素挖掘

1. 责任担当意识

蕾切尔·卡逊以强烈的责任感深入研究化学农药对环境的危害,并勇敢地向公众揭示真相。她的行为体现了对人类未来、对生态环境的高度责任感,可教育学生认识到自身在社会和自然中的责任,培养他们的担当精神。

2. 科学精神

卡逊在研究过程中坚持科学的方法和严谨的态度。她不畏权威,敢于质疑当时被广泛接受的化学农药使用观念。这种科学精神可以激励学生在学习和研究中保持独立思考、勇于探索和追求真理。

3. 人文关怀

卡逊关注人类的生存环境和健康,她的作品充满了对生命的尊重和对自然的热爱。通过她的事迹可引导学生树立人文关怀意识,关注社会问题,关爱他人和自然。

4. 环保意识

《寂静的春天》引发了全球对环境保护的关注。卡逊的环保理念和行动可以帮助学生认识到环境保护的重要性,培养他们的环保意识和行为习惯。

二、融入教育教学的方法

1. 案例教学法

在相关课程中引入蕾切尔·卡逊的事迹作为案例进行分析。例如,在环境科学、生态学等课程中讲解卡逊对化学农药危害的研究过程,引导学生思考科学研究的方法和意义。在思想政治教育课程中分析卡逊的责任担当和人文关怀,培养学生正确的价值观。

2. 小组讨论法

组织学生围绕卡逊的作品和思想进行小组讨论。让学生分享自己对环境保护、责任担当等问题的看法,促进学生之间的思想交流和碰撞,提高他们的思考能力和表达能力。

3. 实践教学法

结合环保主题组织学生开展实践活动。比如参与环保志愿者活动、进行环境调查等，让学生在实践中体会卡逊的环保理念，增强他们的环保意识和实践能力。

4. 阅读与写作法

要求学生阅读卡逊的作品，比如《寂静的春天》，并撰写读后感或论文。通过阅读和写作加深学生对卡逊思想的理解，提高他们的阅读理解和写作能力。

三、教育教学效果评估

1. 学生反馈

通过问卷调查、课堂讨论等方式收集学生对课程中融入蕾切尔·卡逊思政要素的反馈意见。了解学生对卡逊事迹的认识和感受以及对自身责任担当、科学精神、环保意识等方面的影响。

2. 学习成果评估

考查学生在相关课程中的学习成果，比如考试成绩、论文质量、实践活动表现等，分析学生在知识掌握、能力提升和价值观培养等方面的变化，评估课程思政的教学效果。

3. 行为观察

观察学生在日常生活中的行为表现，看是否有环保意识的提高、责任担当的增强等。例如，是否主动参与环保活动、是否节约资源等。通过行为观察进一步评估课程思政对学生的实际影响。

📁 **参考文献** •••

[1] 方正军，易兵. 化学化工类课程思政精选案例 [M]. 北京：化学工业出版社，2021.

[2] 胡璇子. "两减"交成绩单 治污迎持久战 [N]. 中国科学报，2015-12-16.

[3] 孙建强，周珊珊. 环境专业课程思政教学设计案例 [M]. 杭州：浙江大学出版社，2022.

案例 14

日本水俣病事件的反思及其延伸

一、日本水俣病事件

日本熊本县水俣湾外围的"不知火海"是被九州本土和天草诸岛围起来的内海，那里海产丰富，是渔民们赖以生存的主要渔场。水俣镇是水俣湾东部的一个小镇，有 4 万多人居住，周围的村庄还居住着 1 万多农民和渔民。"不知火海"丰富的渔产使小镇格外兴旺。

1925 年，日本氮肥公司在这里建化工厂，后又开设了合成醋酸厂。1949 年后，这个公司开始生产氯乙烯（C_2H_5Cl），年产量不断提高，1956 年超过了 6000 吨。与此同时，该工厂把没有经过任何处理的废水排放到水俣湾中。

1956 年 4 月 21 日，水俣湾附近入江村的一名 5 岁小女孩田中静子突然出现口齿不清、走路困难且狂叫不止的症状。这一症状不断恶化，以致田中静子双眼失明，全身性痉挛。一个多月后，田中静子死去。一些村民之后陆续出现这样的症状，患者起初只是口齿不清、走路不稳，最后高声大叫直至死亡。在此之前，当地居民就发现大量动物行为异常和死亡的现象：大量海鱼成群在水俣湾海面游弋，任人网捕；海面上常见死鱼和海鸟尸体；当地的猫步态不稳，抽搐、麻痹，甚至跳海自杀，被称为"猫舞蹈症""自杀猫"，猪狗也有类似的发疯情形。事后统计，水俣湾附近 4 万居民中有 1 万人不同程度地患有此病，而田中静子是第一个患者和死者。当时这种病由于病因不明而被叫作"怪病"。这种"怪病"就是日后轰动世界的水俣病。

1958 年，日本熊本大学公布了该病症的初步结论：可能是由上游的一家化工厂不经处理向水俣湾排放了有毒工业废水，污染物通过鱼虾被人体吸收所致。1959 年，该大学发表了研究报告指出，这一病症是因为化工厂将含有有机汞的污水直接排入水俣湾，这些含汞的工业废水被海洋里的微生物食用，转变成了剧毒物质甲基汞（CH_3Hg），海中的鱼和贝类摄入这种有毒物质后不能分解而富集于体内。甲基汞经鱼和贝类进入人体并在人体内形成了生物累积，对脑部和身体其他部位造成严重损伤。"有机汞分子里的碳汞键不易断裂而且易溶于生物脂类，在体内很难排除。"根据当时的检测，水俣湾里的海产品含汞量已超过可食用量的 50 倍。1960 年，日本政府正式将甲基汞中毒所引起的工业公害病定名为"水俣病"。无独有偶，1966 年，日本新潟县阿贺野流域也爆发了与水俣病同样症状的大范围病情，起因与熊本县水俣病相同，被称为"第二水俣病"。据日本官方统计，水俣病受害者高达 12615 人，其中死亡 1246 人。水俣病事件被认为是人类历史上一起重大的工业灾难。

水俣病有两种致病原因：一是因食用被有机汞污染的鱼、贝类所引起的甲基汞为主的有机汞中毒；二是孕妇吃了被有机汞污染的海产品，由母婴传递致婴儿患先天性水俣病。水俣病没有有效治疗方法，很多患者虽然有幸活了下来，却终生遭受后遗症的折磨，生活无法自理。水俣病是世界范围内最早出现的由工业废水污染造成的公害病，被列为世界八大公害事件之一。

水俣病的罪魁祸首是当时处于世界化工业尖端技术的氮（N）生产企业。氮常用于肥皂、化学调味料等日用品以及醋酸（CH_3COOH）、硫酸（H_2SO_4）等工业用品的制造上。日本氮产业始创于 1906 年，其后化学肥料的大量使用促使化肥制造业飞速发展，甚至有人说"氮历史就是日本化学工业历史"，日本经济成长是"在以氮为首的化学工业的支撑下完成的"。然而，这个"先驱产业"的肆意发展却给水俣湾当地居民及其生存环境带来了无尽的灾难。

汞也称水银，是一种剧毒重金属，具有较强的挥发性。汞对于生物的毒性不仅取决于它的浓度，而且与汞的化学形态以及生物本身的特征有密切关系。一般认为，汞是通过海洋生物体表（皮肤和鳃）的渗透或摄含汞的食物进入体内的。汞进入海洋的主要途径是工业废水、含汞农药的流失以及含汞废气的沉降，此外含汞矿渣和矿浆也是其来源之一。而汞是唯一一个能在生态系统中参与完整循环的重金属，汞的蒸气会附着在空气中的小颗粒上漂浮到很远的地方；汞被排入水里后，会进入鱼的体内，最终供上人们的餐桌；汞沉入土地会在微生物作用下生成有机汞，最终进入植物、动物体内。科学试验证实，人体血液中汞的安全浓度为 1 微克/10 毫升，当达到 5～10 微克/10 毫升时就会出现明显中毒症状。经计算，如果一个人每天食用 200 克含汞 0.5 毫克/公斤的鱼，人体所摄入的汞量恰好在此安全范围内。

化工厂在生产氯乙烯和醋酸乙烯酯（$C_4H_6O_2$）过程中使用了氯化汞和硫酸汞两种化学物质作为催化剂，催化剂在生产过程中仅仅起促进化学反应的作用，最后全部随废水排入邻近的水俣湾内，并且大部分沉淀在湾底的泥里。氯化汞和硫酸汞本身的毒性不是很强。然而它们在海底泥里能够通过一种叫甲基钴胺素的细菌作用变成毒性十分强烈的甲基汞。甲基汞每年能以 1%的速率释放出来，对上层海水形成二次污染，长期生活在这里的鱼虾贝类最易被甲基汞所污染。经测定，水俣湾海产品中汞的含量已大大超标，超过可食用量的 50 倍。此外，其他食品中也可能含有一定量的汞，这样全天摄入汞的总量就更是大大超过安全限度标准了。居民长期食用此种含汞的海产品，自然就成为甲基汞的受害者。一旦甲基汞进入人体，就会迅速溶解在人的脂肪里，并且大部分聚集在人的脑部，黏着在神经细胞上使细胞中的核糖核酸减少，引起细胞分裂死亡。

水俣病的遗传性也很强，孕妇吃了被甲基汞污染的海产品后，可能引起婴儿患先天性水俣病，就连一些健康者（可能是受害轻微，无明显病症）的后代也难逃厄运。许多先天性水俣病患儿都存在运动和语言方面的障碍，其病状酷似小儿麻痹症，这说明要消除水俣病的影响绝非易事。环境科学家由此认为沉积物中的重金属污染是环境中的一颗"定时炸弹"，当外界条件适合时就可能导致过早"爆炸"。例如，在缺氧的条件下一些厌氧微生物可以把无机金属甲基化。尤其近 20 年来大量污染物无节制的排放已使一些港湾和近岸沉积物的吸附容量趋于饱和，随时可能引爆这颗化学污染"定时炸弹"。

水俣病事件带给我们的思考远不止这些：在 1956 年确认日本氮肥公司排污为病源之后，日本政府却毫无作为，以至于该公司继续肆无忌惮地排污直到1968年才停止。后来，46 名受害者联合向日本最高法院起诉日本政府在水俣病事件中的无作为，并在 2004 年获得胜诉。法院判决认为日本政府在 1956 年知道水俣病病因后应当立即责令污染企业停止侵害，但直到 12 年后政府才做出决定，为此日本政府应当对未能及时作出决定导致水俣病伤害范围扩大而承担行政责任。

不论对于日本还是对于全世界，水俣病事件都是一个惨痛教训，发展经济而忽视环境保护使人类付出了健康和生命的惨重代价。水俣病是直接由汞对海洋环境污染造成的公害，迄今已在很多地方发现类似的污染中毒事件，同时还发现其他一些重金属如镉、钴、铜、锌、铬等以及非金属砷，它们的许多化学性质都与汞相近，这引起了人们的警惕。2013 年 10 月 10 日，联合国环境规划署在日本熊本市主办"汞会议"，表决通过了《关于汞的水俣公约》。包括中国在内的 87 个国家和地区签署了该公约。根据《关于汞的水俣公约》，一系列致力于减少汞污染的措施将得到落实，例如含汞催化剂将被禁止，禁止生产含汞开关和继电器、含汞电池等，禁止生产含汞体温计和含汞血压计等。

二、世界其他环境公害事件

环境公害事件是指环境污染造成的在短期内人群大量发病和死亡的事件。工业发达国家在过去 100 年中只注意工业化和城市化，发展经济而不顾环境保护，以牺牲环境为代价去谋求经济的发展，出现了震惊世界的"八大公害"突发环境事件。日本水俣病是在 20 世纪 50～60 年代发生的震惊世界八大环境公害事件之一，另外七件公害事件分别是比利时马斯河谷烟雾事件、美国多诺拉镇烟雾事件、英国伦敦烟雾事件、美国洛杉矶光化学烟雾事件、日本富山骨痛病事件、日本四日市气喘病事件和日本米糠油事件，其中有五件与大气污染有关、三件与硫氧化物污染有关。

这八件重大公害事件中日本就占了四件，足见日本当时环境问题的严重性。这些公害事件皆是工业废气、废水、废渣不加处理而肆意排放所致。当污染形成公害，引起广大人民的强烈反对并影响到经济发展时才被迫去治理，付出了惨痛代价，被后人称为走了一条"先污染后治理"的发展道路。当今因为科技发展而产生的各种环境污染物数不胜数，人类自身健康正面临着严重危机。

1. 日本环境公害事件案例

日本富山骨痛病也是由工业污水造成的公害病。1955—1957年，日本富山县神通川河流域出现了一种怪病。发病初期患者的手、脚等关节疼痛，后来全身疼痛，行动十分困难，数年后骨骼严重畸形，骨脆易折。得病的人日夜卧床不断地叫痛，有的病人在"痛啊！痛啊！……"的惨叫中痛苦地死去。日本人称这种病为骨痛病。尸检发现，有的死者竟然有72处骨折，有的死者身高萎缩了30厘米。经长期跟踪调查研究分析，骨痛病最终确认是由日本三井金属公司排放的含重金属镉（Cd）废水所致。含镉废水进入神通川河和农田污染了饮用水和水稻。人们长期饮用被镉污染的河水以及食用富含镉的稻米，致使镉在人体内富集而导致中毒。截至1968年5月，日本共确诊患者258例，其中死亡128例，到1977年12月又死亡79例。

第二次世界大战后，日本经济实现了高速发展，但是缺乏相应的环境保护和公害治理措施，致使各种公害病和污染事件泛滥成灾。当时日本濑户内海的污染程度也触目惊心。濑户内海是位于日本本州、四国之间的狭长海域，在20世纪50～70年代遭受了严重污染。污染源为工业污水、生活污水和填海造陆。污水中的有机污染物及磷、氮等负荷量高致使水质变差。填海造陆使在水质净化、生物生长和吸收二氧化碳方面发挥重要功能的浅海滩涂、藻场消失殆尽。排污、填海和频繁发生的油污事故致使濑户内海被严重污染，赤潮、蓝潮频发。据统计，仅1976年濑户内海就发生赤潮近300次，那个时候濑户内海有"东方死海"之称。

日本经济发展虽然获得了巨大的效益，但难以挽回的生态环境破坏和贻害无穷的公害病使日本政府和企业付出了极大的治理、治疗和赔偿的代价。时至今日，因水俣病而提起的旷日持久的法律诉讼仍在继续。水俣病出现15年后，日本政府终于成立了环境省，逐步通过立法规范了政府、企业、学界和公民在环境保护中的责任。曾经深受环境污染危害的日本如今已成为治理污染卓有成效的国家。可是，2021年4月13日，日本政府无视其对国际社会应有的责任心和公德心，不顾多方反对，执意决定将福岛第一核电站内储存的上百万吨核污水经过滤并稀释后排入大海，排放在2023年开始。该核污水至少含有62种放射性物质，排入海洋计划一经公布立即引起国际社会对放射性物质等核废料对水体污染的广泛关注和严重担忧。

2. 比利时马斯河谷烟雾事件

20世纪30年代，比利时发生了一起震惊世界的环境污染事件——马斯河谷烟雾事件，这也是20世纪有记录以来最早的一次大气污染惨案。当时马斯河谷地区是比利时的一个重要工业区，许多重型工厂分布在这里，包括炼焦、炼钢、电力、玻璃、硫酸、化肥等工厂。虽然该工业区为比利时的经济发展做出了巨大贡献，但人们却不会想到，一场从未见识过的灾难即将来临。马斯河谷是比利时境内马斯河旁的一段河谷地段，中部低洼，两侧百米高山对峙，河谷处于狭长的盆地之中。1930年12月1日到15日，整个比利时被大雾笼罩。由于特殊的地理位置，马斯河谷上空出现了很强的逆温层。通常，气流上升得越高，气温就越低。但当气候反常时，低层空气温度就会比高层空气温度还低，发生"气温逆转"现象，使大气中的烟尘积存不散，造成大气污染。马斯河谷工业区内13个工厂排放的大量烟雾弥漫在河谷上空无法扩散，有害气体在大气层中越积越多。12月3日这一天雾最大，加上工业区内人烟稠密，整个河谷地区的居民有几千人生病，出现胸痛、咳嗽、呼吸困难等症状，一星期内就有60多人死亡，其中以原先患有心脏病和肺病的人死亡率最高。许多家畜也因类似病症而大量死亡。

3. 美国洛杉矶光化学烟雾事件

美国洛杉矶光化学烟雾事件是1940年至1960年间发生在美国洛杉矶的有毒烟雾污染大气的事件，为世界有名的公害事件之一。光化学烟雾是大量聚集的汽车尾气中的碳氢化合物在阳光作用下与空气中的其他成分发生化学反应而产生的有毒气体，这些有毒气体包括臭氧、氮氧化物、醛、酮、过氧化物等。洛杉矶位于美国西南部海岸，西面临海，三面环山，是个阳光明媚、气候温暖、风景宜人的地方。早期金矿、石油和运河的开发，加之得天独厚的地理位置，使它很快成为一个商业、旅游业都很发达的港口城市。洛杉矶市很快就变得空前繁荣，著名的电影业中心好莱坞和美国第一个"迪士尼乐园"都建在了这里。城市的繁荣又使洛杉矶的人口剧增。白天，纵横交错的城市高速公路上拥挤着数百万辆汽车，整个城市仿佛一个庞大的蚁穴。洛杉矶在20世纪40年代就已拥有250万辆汽车，每天大约消耗1100吨汽油，排出1000多吨碳氢化合物（C_xH_y 或 RC）、300多吨氮氧化物（NO_x）、700多吨一氧化碳（CO）。另外，还有炼油厂、供油站等其他石油燃烧排放，这些化合物被排放到阳光明媚的洛杉矶上空，不啻制造了一个毒烟雾工厂。洛杉矶三面环山，大气污染物不易扩散，而且洛杉矶经常受到逆温的影响，更使污染物聚集在洛杉矶本地。汽车尾气中的烯烃类碳氢化合物和二氧化氮（NO_2）被排放到大气中后，在强烈的阳光照射下会吸收太阳光所具有的能量。这些物质的分子在吸收了太阳光的能量后会变得不稳定，原有的化学键遭到破坏，形成新的物质。这种化学反应被称为光化学反应，其产物为含剧毒的光化学烟雾。这种烟雾会使人眼睛发红、咽喉疼痛、呼吸憋闷、头昏、头痛。光化学烟雾事件致远离城市100千米以外的海拔2000米高山上的大片松林也大量枯死，柑橘减产。仅1950—1951年，美国因大气污染造成的损失就达15亿美元。1955年，因呼吸系统衰竭死亡的65岁以上老人达400多人；1970年，有75%以上的市民患上了"红眼病"。

饱受光化学烟雾折磨的洛杉矶市民于1947年划定了一个空气污染控制区，专门研究污染物的性质和来源，探讨如何才能改变现状。洛杉矶光化学污染事件是美国环境管理的转折点，不仅催生了著名的《清洁空气法》，也起到了环境管理的先头示范作用。在洛杉矶，环境管理措施的核心包括：①设立空气质量管理区，加大区域环境管理部门的自主权，以期环境政策能够以最有效的方式落实；②设立排放许可证制度，严格控制排放源；③为交通污染源（从内燃机、汽油到排放）设立了严格的环境标准；④开放环境交易市场，将市场化手段引入环境减排中；⑤投入很强的科研及管理力量，开发通用的环评软件及有效的污染控制技术。经过近40年的治理，尽管洛杉矶的人口增长了3倍、机动车增长了4倍多，但该地区发布健康警告天数却从1977年的184天下降到了2004年的4天。

 教学分析 •···

一、课程思政要素挖掘

1. 社会责任意识

日本水俣病事件是由工业废水排放导致的严重环境污染事件，给当地居民带来了巨大的痛苦。这一事件提醒人们企业和个人都应承担起社会责任，不能为了追求经济利益而忽视对环境和公众健康的影响。可以教育学生在未来的工作和生活中要时刻牢记自己的社会责任，为社会的可持续发展贡献力量。

2. 科学精神与批判性思维

在水俣病事件的调查和研究过程中科学家们经过长期的努力才确定了病因。这体现了科学精神的重要性，包括严谨的态度、实证的方法和不断探索的精神。同时，也可以引导学生培养批判性思维，不盲目相信权威，敢于质疑和探索真理。

3. 生态文明理念

水俣病事件是人类对自然过度开发和破坏的结果，让我们深刻认识到生态文明建设的重要性。通过这一事件可以向学生传达尊重自然、保护自然、与自然和谐相处的生态文明理念，培养学生的环保意识和可持续发展观念。

4. 人文关怀

水俣病患者及其家属在事件中遭受了极大的痛苦，他们的遭遇唤起了人们的人文关怀。可以引导学生关注社会弱势群体，培养同情心和爱心，树立正确的价值观。

二、融入教育教学的方法

1. 案例教学法

在环境科学、生态学、社会学等课程中引入水俣病事件作为案例进行分析。通过讲解事件的发生过程、原因和影响，引导学生思考环境保护、社会责任等问题。

2. 小组讨论法

组织学生围绕水俣病事件进行小组讨论，让学生分享自己的看法和感悟。可以设置一些问题，比如"如果你是当时的企业负责人，你会怎么做？""我们应该如何避免类似事件的发生？"等，激发学生的思考和讨论。

3. 实践教学法

结合水俣病事件组织学生开展环保实践活动。例如，进行环境监测、垃圾分类宣传、环保志愿者服务等，让学生在实践中体会环境保护的重要性，增强他们的环保意识和实践能力。

4. 多媒体教学法

利用图片、视频、纪录片等多媒体资源，向学生展示水俣病事件的惨状和影响。通过直观的视觉冲击，让学生深刻认识到环境污染的危害，激发他们的环保热情。

三、教育教学效果评估

1. 学生反馈

通过问卷调查、课堂讨论、课后作业等方式收集学生对课程中融入水俣病事件思政要素的反馈意见。了解学生对事件的认识和理解程度，以及对自身价值观和行为的影响。

2. 学习成果评估

考查学生在相关课程中的学习成果，比如考试成绩、论文质量、实践活动报告等，分析学生在知识掌握、能力提升和价值观培养等方面的变化，评估课程思政的教学效果。

3. 行为观察

观察学生在日常生活中的行为表现，看是否有环保意识的提高、社会责任感的增强等。例如，是否主动参与环保活动、是否节约资源等，通过行为观察进一步评估课程思政对学生的实际影响。

📁 **参考文献** •···

[1] 姜涛，葛春华. 化学课程思政元素 [M]. 北京：高等教育出版社，2021.

[2] 孙建强，周珊珊. 环境专业课程思政教学设计案例 [M]. 杭州：浙江大学出版社，2022.

案例 15

阻止了一场反应停悲剧的
凯尔西

弗朗西斯·凯思琳·奥尔德姆·凯尔西（Frances Kathleen Oldham Kelsey，1914年7月24日—2015年8月7日），美国药理学家，曾作为药物审查员长期供职于美国食品药品监督管理局（简称 FDA），因担心药品安全性而阻止反应停（通用名沙利度胺）的市场授权，她本人亦因此举而闻名世界。事后表明她的担忧自有道理，研究显示沙利度胺的确会导致严重的出生残疾。在凯尔西的职业生涯中，美国曾通过多个法令加强 FDA 对药物治疗的监管。历史将永远铭记凯尔西的名字，她是一位真正的英雄。

一、凯尔西的坚守：科学良知与反应停悲剧的预判

凯尔西出生于加拿大不列颠哥伦比亚省，为药理学博士和医学博士。1960 年她受聘于 FDA，担任华盛顿特区药物审查员一职。这是一份轻松的工作，每天的任务就是对申请上市的新药做确认盖章的工作。

1960 年 9 月，刚刚上任一个月的凯尔西收到了联邦德国药品界权威厂商格兰泰公司和其代理商理查森·梅里尔公司计划在美国上市沙利度胺（又名反应停）的申请书，这是一种止痛镇静剂，标明可以防止孕妇晨吐。这是一份常规申请书，根据 FDA 审查惯例，凯尔西只需要在申请书上盖章就可以了。况且反应停对于治疗孕妇怀孕早期的妊娠恶心、呕吐疗效显著，自 1957 年作为处方药以来已先后在 50 多个国家获准上市销售，美国孕妇们早就翘首以盼，进入美国市场销售就差凯尔西履行一个流程了。但这份申请材料却引起了凯尔西的警觉，她担心该药物会对孕妇有不良影响并影响胎儿发育。

凯尔西的担心是有根据的：早在 1942 年，她和丈夫一起合作研究抗疟疾药物时，就在实验用的兔子身上发现了某些药物可以通过胎盘作用于胎儿，对胎儿有毒害作用而对母体却毒害不大。这个发现与当时医学界的普遍认知有冲突，医学界当

时认为药物不能够通过胎盘作用于婴儿，孕妇的用药和普通成人没有区别。所以多年来凯尔西十分关注孕妇用药的安全性，对反应停申请在美国上市格外慎重。

凯尔西认为反应停的实验数据不足，无法准确判断药品的安全性。虽然申请书中提供了佐证材料，但孕妇个人证词多于科学证据，缺乏说服力。尤其是当凯尔西在一份英国医学杂志上读到服用反应停有引发神经炎副作用后，更加坚定了自己的判断。她据此拒绝了申请，坚持要求厂商补充信息。格兰泰公司很快报送了第二次附加资料，可是这些并不能让凯尔西满意，申请书再次被退回。凯尔西认为格兰泰公司和经销商提供的临床研究报告只是"患者证词"，并非设计严谨、控制严格的临床试验，完全没有显示孕妇服用此药的神经系统副作用。格兰泰公司和经销商对于申请再次被拒完全出乎意料，于是他们把在欧洲获得的动物试验及孕妇使用反应停的临床试验数据递交到 FDA，但是这些依然没有说服这位"固执"的药物审查员。凯尔西认为这些孕妇都处于怀孕后期，所得到数据仍然不够严谨，申请书再次被退回。第三次被拒彻底激怒了格兰泰公司和经销商，他们一边向 FDA 施压，一边散播消息指责凯尔西作为药物审查员存在官僚作风，甚至煽动不明真相的妇女权益组织进行集体抗议，称 FDA 阻挡着孕妇福音的上市。在无数谩骂和威胁当中，凯尔西以她的小职员身份承受着巨大压力，她一个人对抗着整个世界，但是她始终不曾放弃，坚持了整整一年多的时间。根据当时 FDA 的新药上市申请规定，如果 FDA 在 60 天内没有提出异议，新药将可以自行上市，于是凯尔西坚持每隔 60 天就给格兰泰公司回复一封拒绝信。

事件随后的发展充满了戏剧性，也证明了凯尔西的坚持不无道理。正当双方拉锯僵持不下之时，1961 年前后"海豹儿事件"爆发了。1959 年，联邦德国出生了很多手脚异常的畸形婴儿，他们没有臂和腿，手和脚就直接长在躯干上，短肢畸形酷似海豹，因而叫作"海豹儿"。这样的婴儿当时在美国、英国、荷兰、澳大利亚、日本等国家共发现 1.2 万多名。1961 年，英国《柳叶刀》杂志刊发了澳大利亚产科医生威廉·麦克布里德的调查论文，该论文指出孕妇服用沙利度胺后，药物可以穿过胎盘屏障导致严重的胎儿畸形，引起海豹短肢症；德国医生维杜金德·伦兹也得出了同样的结论。于是该药才被禁用。

反应停英文名 Thalidomide，化学名为酞胺哌啶酮，是一种谷氨酸衍生物，国内常翻译成沙利度胺。1953 年，联邦德国格兰泰制药公司开始投入人力物力研究合成新药沙利度胺对中枢神经系统的作用，并且发现该化合物是一种具有中枢神经镇静作用的药物，能够显著抑制孕妇的妊娠反应（比如呕吐和失眠），不像有强大中枢镇静作用的苯巴比妥那样让人成瘾，在动物实验中未发现毒性，故不会用于自杀。1957年 10 月，反应停正式投放市场用作处方药，在此后不到一年内便风靡欧洲、非洲、澳大利亚和拉丁美洲。20 世纪 60 年代，美欧至少 15 个国家有妊娠反应的妇女使用反应停，很多孕妇服药后恶心症状确实得到了明显的改善；作为一种"没有任何副作用的抗妊娠反应药物"，反应停成了"孕妇的理想选择（当时广告用语）"。于是反应停被大量生产并销售，仅在联邦德国就有近 100 万名孕妇服用过该药，每月销售量竟达到了 1 吨左右，患者甚至不需要医生处方就能买到反应停。

反应停对人与动物的一般毒性极低，服用 14g 并不致人死亡。但可选择性地作用于胚胎，对胚胎的毒性明显大于母体，其对胎儿的致畸作用可高达 50%～80%；如在妊娠第 3～8 周服用，其后代畸形发生率可高达 100%；对人胚胎的致畸剂量为 1mg/kg。致畸性可导致海豹肢，也可导致胎儿眼睛、耳朵、心脏、生殖器、肾脏和消化道的畸形。反应停还有弱致癌性，可能的不良反应还包括外周神经炎、麻痹、感觉异常、意识混乱、低血压等。

人类手脚的长度及手指等都按照基因密码的指令有规律地形成。反应停使这种指令在某一部位受到障碍，从而导致畸形儿的产生。随后的科学研究表明，反应停是一种手性化合物，分子结构中含有一个手性中心，从而形成两种光学同分异构体，其中构型 R-(+)的结构有中枢镇静和抑制妊娠反应活性作用，而另一种构型 S-(-) 则能使孕妇流产甚至有强烈的胎儿致畸性。反应停的致畸性主要来自 S-(-) 异构体，在体内会自动生成消旋体，因而分离手性化合物虽然在一定程度上能够缓解其致畸作用，但并无本质改善。

凯尔西的抗争是绝对正确的，最终反应停没能进入美国市场，她成功阻止了灾难在美国重演。因为她的坚持使美国上万的新生儿免受了海豹肢症的危害，拯救了无数的家庭。1962 年 7 月，凯尔西登上了《华盛顿邮报》封面，文章更是称她为"女英雄"，该文记者说道："（凯尔西）防止了成千上万个没有手臂和下肢的婴儿降临于世。"她的英雄行为经《华盛顿邮报》报道后家喻户晓，一夜之间凯尔西成为美国的英雄，事件迅速发酵并引发公众对药物监管的强烈抗议。同年 8 月，为表彰凯尔西的贡献，时任美国总统约翰·肯尼迪授予她"杰出联邦公民总统奖"，她也成为第二个获此殊荣的女性。凯尔西随后继续在 FDA 工作，一直负责指导 FDA 药品测试的监管工作，在推动和执行 1962 年修正案中起到关键作用。2000 年，凯尔西入选美国国家妇女名人堂。2005 年凯尔西终于从 FDA 退休，至此她已为 FDA 服务 45 年。2010 年 FDA 以她的名字设立"弗朗西斯·凯尔西博士药物安全卓越奖"并将第一个奖项颁发给了她，此后每年颁布给 FDA 中的一位优秀雇员。此外，在她的家乡不列颠哥伦比亚省还有一所以她名字命名的弗朗西斯·凯尔西高中。为表彰凯尔西的贡献，小行星 6260 也以她的名字命名。2012 年 6 月，凯尔西获颁温哥华岛大学荣誉博士。2015 年，101 岁的凯尔西博士在加拿大逝世。

二、从禁令到警示：反应停事件后的全球药品监管变革

凯尔西以她的智慧与坚持阻止了一场悲剧。据统计，在反应停上市的 3 年时间里，在不算前期流产等引起死亡的情况下共造成了将近 2 万名的畸形儿诞生，其中将近一半的孩子没有能活到一岁，那些侥幸活下来的孩子也要承受终身的痛苦，给

众多家庭带来了无法愈合的心灵创伤。而美国仅出现了 40 名因格兰泰公司在美国药物宣传免费发放反应停才所致的海豹儿，这都要归功于凯尔西这位伟大女性。她在处理反应停上市申请时表现出的慎重、毫不妥协和勇气为避免反应停在美国上市筑起了最后一道安全线，为成千上万的美国家庭守住了健康和幸福，避免了灾难和痛苦。凯尔西能做到这一点不仅因为她具有渊博的学识、超人的智慧，更重要的是因为她一直坚守着做人的良知和科学工作者的职业操守。她的坚守并不容易，在当时的很多人看来是不可理解甚至是固执和偏执的，因此凯尔西也遭遇了很多谩骂和批评。

在这次的反应停事件里，很多国家的药监局因为形同虚设而被钉到了历史的耻辱柱上，而美国 FDA 却因有了凯尔西的贡献真正地成为一块金字招牌，变成了最大的赢家，不仅获得了全世界的赞誉，而且赢得了对药品安全管理更多的权力，药监局的地位不断提升。1962 年 10 月美国通过的《科大沃-哈里斯修正案》规定，安全性是药物监督的基本原则，任何新药在投放市场前都必须进行严格的检验，必须向 FDA 提交有效性和安全性的数据，从此专家意见让位给科学实验，评价药物安全的全球标准得以建立。随着 FDA 被赋予的权力越来越多，凯尔西和同事们一起撰写了对临床试验进行管理的条例。如今，这些规则已被全世界所采用，FDA 由此逐渐成为世界食品药品检验最权威的机构之一。凯尔西因此被视为现代药品监管制度的助产师。

人类发明的化学药物带来了极大益处，但也给人类造成了意想不到的伤害，对化学药物的盲目依赖和滥服药物已造成了许多不应有的悲剧，其中最典型的案例之一就是反应停事件。以"孕妇的理想选择"为广告用语的反应停自 1957 年上市后短短几年时间里导致上万名海豹短肢畸形儿的出生，其危害之严重、受害者之多前所未有，震惊世界。反应停事件作为一个异乎寻常的特例使人们认识到药物不良反应的危害性以及政府对药物进入市场前严格审核的必要性，对全球建立完善和严格的药品审批和不良反应检测制度起到了至关重要的推动作用。

手性是自然界的基本属性。人们认识到构成生命体系的生物大分子大多数是以对映体的形式存在的，药物与其药理作用也多是以手性的方式进行的。这一认识是在付出如"反应停事件"这样巨大成本、造成众多人类痛苦之后才被人们认识并接受的。幸运的是在此后的多年中，手性对映体性质对药物生理活性的影响已成为药物研发监管的重点。美国食品药品监督管理局于 1992 年发布了《新立体异构药物的开发》，详细列出了关于立体化学合成药物指南的相关内容，禁止手性药物以两种对映异构体的混合物形式出售。

手性对新药及新材料的发展产生了巨大的影响。合理利用化学研究攻克人类难题并做到绝对安全是化学工作者毕生恪守的准则和追求的目标。1965 年，以色列一名医生偶然发现了反应停对于马蜂结节性红斑具有很好的疗效，随后又发现反应停还有可能用于治疗多种癌症。近年来沙利度胺在辅助治疗晚期肾癌、非激素依赖性前列腺癌、乳腺癌、恶性黑色素瘤、小细胞肺癌及肝癌等实体瘤方面的疗效逐渐得到认可。由此可见，手性药物具有正反两方面的效应，全面掌握手性药物的结构特性并正确应用非常重要。

 教学分析

一、课程思政要素挖掘

1. 坚守原则
凯尔西在面对各方压力时坚守自己的专业判断和职业道德原则，坚决阻止反应停的上市。这告诉我们在任何情况下都应坚守正确的价值观和原则，不被利益所诱惑。

2. 责任担当
凯尔西深知自己的职责所在，应对公众的健康负责，勇敢地承担起阻止反应停悲剧发生的责任。可以教育学生要有担当精神，对自己的行为负责，对社会和他人负责。

3. 科学精神
凯尔西以严谨的科学态度和方法对反应停进行审查，不盲目相信权威和数据。这启示学生在学习和工作中要秉持科学精神，追求真理，勇于质疑和探索。

4. 人文关怀
凯尔西的行动最终保护了无数人的生命和健康，体现了对人的尊重和关爱。可以引导学生树立人文关怀意识，关注他人的福祉，为构建和谐社会贡献力量。

二、融入教育教学的方法

1. 案例教学法
在医学、药学、伦理学等课程中引入凯尔西阻止反应停悲剧的案例进行分析。通过讲解案例的背景、过程和意义引导学生思考职业道德、责任担当、科学精神等问题。

2. 小组讨论法
组织学生围绕凯尔西的事迹进行小组讨论。设置问题比如"如果你是凯尔西，你会怎么做？""从这个案例中我们可以学到什么？"等，激发学生的思考和交流，培养他们的团队合作和表达能力。

3. 角色扮演法
让学生扮演凯尔西和其他相关角色，模拟反应停审查的过程。通过角色扮演让学生更好地理解凯尔西的处境和决策，体会坚守原则和责任担当的重要性。

4. 讲座与报告

邀请专家学者或行业人士进行关于凯尔西事迹和课程思政的讲座与报告，让学生从不同角度了解凯尔西的贡献和课程思政的内涵，拓宽他们的视野。

三、教育教学效果评估

1. 学生反馈

通过问卷调查、课堂讨论、课后作业等方式收集学生对课程中融入凯尔西思政要素的反馈意见。了解学生对凯尔西事迹的认识和感受，以及对自身价值观和行为的影响。

2. 学习成果评估

考查学生在相关课程中的学习成果，比如考试成绩、论文质量、实践报告等，分析学生在知识掌握、能力提升和价值观培养等方面的变化，评估课程思政的教学效果。

3. 行为观察

观察学生在日常生活和学习中的行为表现，看是否有坚守原则、责任担当、科学精神等方面的体现。例如，在实验操作中是否严格遵守规范，在面对困难时是否勇于担当等。通过行为观察进一步评估课程思政对学生的实际影响。

📁 **参考文献** •···

［1］方正军，易兵. 化学化工类课程思政精选案例［M］. 北京：化学工业出版社，2021.

［2］姜涛，葛春华. 化学课程思政元素［M］. 北京：高等教育出版社，2021.

案例16

切尔诺贝利核泄漏事故

切尔诺贝利核泄漏事故，也称为"切尔诺贝利核事故""切尔诺贝利事件"，是一起发生在苏联统治下乌克兰境内普里皮亚季市邻近切尔诺贝利核电站的核子反应堆事故。该事故被认为是历史上最严重的核电事故，也是首例被国际核事件分级表评为第七级事件的特大事故，目前为止第二例为2011年3月11日发生于日本福岛县的福岛第一核电站事故。这次爆炸产生的强大冲击力把反应堆上重达2000吨的盖子炸飞，所释放出的辐射线剂量是二战时期广岛爆炸原子弹的400倍以上。这场灾难经济上总共损失大概180亿卢布、约合2000亿美元（已计算通货膨胀），死亡人数9.3万人，致癌人数27万人，是近现代历史中代价最"昂贵"的灾难事件。普里皮亚季城因此被废弃。有统计数据表明，为了挽救、消除这个事故的后果，所花的钱和人力物力大概是建这个核电站的100倍。

一、核泄漏事故

1986年4月25日，切尔诺贝利核电站原定关闭4号反应堆进行定期维修，测试反应堆涡轮发电机的能力。由于实验开始时间的延迟，反应堆控制员违反操作规定，过快降低能量水平，导致反应堆内环境极不稳定，反应速率加快，反应堆产量急升，于26日凌晨1点23分发生蒸汽大爆炸。放射性物质随爆炸溢出，带有放射性的飘尘污染了苏联西部地区东欧地区、北欧的斯堪的纳维亚半岛等区域。事故发生后，政府建立了钢筋混凝土石棺围墙，对4号机组进行隔离防止辐射的扩散，但该方法不是永久安全的做法。石棺围墙受风雨侵蚀，一旦坍塌，放射性物质会继续外溢；而且水渗入反应堆内成为有放射性的废水外泄之后造成的后果不堪设想。

据当时官方公布，切尔诺贝利核泄漏事故造成31人死亡，237人受到严重的放射性损伤，附近13万居民紧急疏散，放射性污染影响远及2000公里，直接经济损失约35亿美元，事故造成的间接损失及潜在的危害难以计算。乌克兰在后来的10～20年间由于放射性物质的远期影响，上万人失去生命或患重病，被放射线影响而导致胎儿畸形的事件时有发生。乌克兰、白俄罗斯、俄罗斯受放射性飘尘污染最为严重，据估计，约有70%的放射性物质落在白俄罗斯的土地。

意外发生后，马上有 203 人立即被送往医院治疗，其中 31 人死亡，当中更有 28 人死于过量的辐射。死亡的人大部分是消防队员和救护员，因为他们并不知道此次事故中含有辐射的危险。切尔诺贝利清理协会的报告指出，该组织里大约有 60 万名清理人，当中就有 10% 清理人牺牲、16.5 万名落下残疾。一年之后，切尔诺贝利核泄漏事故中最先遇难的核电站工作人员和消防员被转移在莫斯科一处公墓内，安葬他们用的是特制的铅棺材，因为他们的遗体已成为足以污染正常人的放射源。

合众国际社 1986 年 11 月 29 日报道：英国电视制作人丹尼·库克近日用无人机航拍了乌克兰切尔诺贝利核事故遗址，镜头中荒废的切尔诺贝利静谧如鬼城。苏联政府在事故发生后把爆炸反应堆周围 30 公里半径范围划为隔离区，后该地区变成了部分野生动物的天堂。

美国 2013 年的一项研究表明，切尔诺贝利核事故对当地的树木造成了持续不利的污染影响。美国南卡罗来纳大学等多家机构的联合研究显示，由于长期暴露在辐射中，切尔诺贝利地区许多树木都出现了十分反常的形态，这是因为树木的基因发生了突变，影响了树木的生长繁殖和存活率等。还有研究发现，事故发生后幸存下来的树木，尤其是树龄相对较短的树木，越来越难以承受干旱等环境压力。周边地区婴儿畸形率和儿童患癌症的比例也快速增长。

该事故对人体健康最主要的影响来自放射性物质 ^{131}碘。有人担心 30 多年前的 ^{90}锶和 ^{137}铯还会造成土壤污染，而且，植物、昆虫和真菌以及最表层的土壤会吸收 ^{137}铯。所以，有些科学家担心核辐射会对当地人造成几个世纪的影响。秘密估计在该核电厂里有至少有 4 吨的放射性尘埃。核射尘几乎无孔不入，因原子炉熔毁而泄漏出的核射尘的清理工作是一项艰巨任务。在灾难过后 20 年，欧洲国家还在限制制造、运输、消费过程中来自切尔诺贝利放射性尘埃的食物污染。核辐射对乌克兰地区数万平方公里的肥沃良田都造成了污染。乌克兰共有 250 多万人因此身患各种疾病，其中包括 47.3 万多名儿童。据专家估计，完全消除这场浩劫对自然环境的影响至少需要 800 年，而持续的核辐射危险将持续 10 万年。

二、核事故警示

这场人类发展历史上严重的安全事故值得人类警醒。反应堆控制员的操作失误像多米诺骨牌一样引发了一系列的健康、安全、环境问题。核能作为一种清洁能源被很多国家和地区用来发电，其经济效益是相当可观的，然而核发展所带来的一些问题也是值得深入反思的。除切尔诺贝利核泄漏事故之外，日本福岛核电站也多次发生泄漏事件，其后果也是惨痛的。如果我们的工程师们能够严格按照规定操作，时刻绷紧安全弦，认真履行工作职责，将公众的安全、健康和福祉放在首位，也许很多安全事故就可以避免。

2011 年 1 月 1 日，乌克兰政府宣布，历史上最严重的核事故现场切尔诺贝利核电站废墟周围地区将变成一个新的旅游景点，切尔诺贝利周围地区即日起将向游客开放，但必须穿防护服。切尔诺贝利核泄漏事故虽然已经过去了 30 多年，但是惨痛的记忆仍然是在隐隐作痛的伤疤，并没有被人们遗忘。

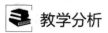 **教学分析** •··

一、课程思政要素挖掘

1. 责任担当

切尔诺贝利核泄漏事故的发生很大程度上是由于人为操作不当和管理不善。这提醒我们在工作中要具有高度的责任感，对自己的行为负责，对社会和他人负责。教育学生无论是在学习还是未来的工作中都要认真履行自己的职责，不敷衍塞责。

2. 科学精神

事故发生后科学家们迅速展开研究，以了解事故的影响和应对方法。这体现了科学精神的重要性，包括严谨的态度、实证的方法和不断探索的精神。引导学生在学习中要秉持科学精神，不迷信权威，勇于质疑和探索。

3. 安全意识

核泄漏事故带来了巨大的灾难，凸显了安全意识的重要性。无论是在工业生产还是日常生活中都要时刻保持警惕，严格遵守安全规范，预防事故的发生。培养学生的安全意识，让他们学会保护自己和他人。

4. 生态文明理念

核泄漏对环境造成了长期的破坏，影响了生态平衡。这让人们深刻认识到生态文明建设的重要性，要尊重自然、保护自然，实现人与自然的和谐共生。教育学生树立生态文明理念，积极参与环保行动。

5. 国际合作

事故发生后国际社会纷纷伸出援手，共同应对灾难。这体现了国际合作的重要性，在面对全球性问题时各国应携手合作，共同努力。培养学生的国际视野和合作精神，让他们明白人类是一个命运共同体。

二、融入教育教学的方法

1. 案例教学法

在相关课程中引入切尔诺贝利核泄漏事故作为案例进行分析。通过讲解事故的经过、原因和后果引导学生思考责任担当、科学精神、安全意识等问题。

2. 小组讨论法

组织学生围绕切尔诺贝利核泄漏事故进行小组讨论。设置一些问题，比如"如果你是当时的工作人员，你会怎么做？""我们应该如何避免类似事故的发生？"等，激发学生的思考和讨论，培养他们的合作能力和问题解决能力。

3. 实践教学法

结合切尔诺贝利核泄漏事故组织学生开展实践活动。例如，进行安全演练、环保宣传等，让学生在实践中体会安全意识和生态文明理念的重要性。

4. 多媒体教学法

利用图片、视频、纪录片等多媒体资源向学生展示切尔诺贝利核泄漏事故的惨状和影响。通过直观的视觉冲击让学生深刻认识到事故的严重性，激发他们的责任感和使命感。

三、教育教学效果评估

1. 学生反馈

通过问卷调查、课堂讨论、课后作业等方式收集学生对课程中融入切尔诺贝利核泄漏事故思政要素的反馈意见。了解学生对事故的认识和理解程度以及对自身价值观和行为的影响。

2. 学习成果评估

考查学生在相关课程中的学习成果，如考试成绩、论文质量、实践报告等。分析学生在知识掌握、能力提升和价值观培养等方面的变化，评估课程思政的教学效果。

3. 行为观察

观察学生在日常生活和学习中的行为表现，看是否有责任担当、安全意识、生态文明理念等方面的体现。例如，是否遵守安全规范、是否积极参与环保行动等。通过行为观察进一步评估课程思政对学生的实际影响。

📁 **参考文献** •••

孙建强，周珊珊．环境专业课程思政教学设计案例［M］．杭州：浙江大学出版社，2022．

案例 17

"锂电池之父"古迪纳夫

2019 年 10 月 9 日瑞典皇家科学院宣布，将诺贝尔化学奖授予来自美国的科学家约翰·古迪纳夫、斯坦利·惠廷汉姆和日本科学家吉野彰，以表彰他们在锂离子电池研发领域做出的贡献。评奖委员会称，他们为人类带来"前所未见的强大电池"，创造了一个"可充电的世界"。美国得克萨斯大学奥斯汀分校机械工程系 98 岁的古迪纳夫教授成为目前为止诺贝尔奖历史上最年长的获奖者，他先后发明了锂离子电池正极材料钴酸锂、锰酸锂、磷酸铁锂，为现代锂离子电池做出了先驱性的贡献，被业界誉为"锂电池之父"。

一、大显身手电池制造

约翰·班尼斯特·古迪纳夫（John Bannister Goodenough，1922 年 7 月 25 日—2023 年 6 月 25 日）出生于德国图林根州耶拿市，著名固体物理学家，美国国家工程院院士、法兰西科学院院士、美国国家科学院院士、美国国家发明家科学院院士，锂离子电池的奠基人之一，通过研究化学、结构以及固体电子/离子性质之间的关系来设计新材料解决材料科学问题。

古迪纳夫的一生可谓传奇的一生：儿时的古迪纳夫患有先天性读写困难症，学习成绩总是差强人意。高考前夕父母离婚对其产生较大影响，但古迪纳夫仍考入耶鲁大学。面对每年高达 900 美元的学费，手头只有父亲给的 35 美元的他不得不自力更生，通过洗车、送报及做家教养活自己。在耶鲁大学就读期间，古迪纳夫换了四五个专业方向，包括古典文学、哲学、数学等，最终获耶鲁大学数学学士学位。大一时为了凑学分选修了两门化学课。第二次世界大战爆发后，古迪纳夫加入了美国空军，被派到太平洋的一个海岛上收集气象数据。退役后他修读了芝加哥大学固态物理学博士。古迪纳夫 30 岁才正式入行，进入麻省理工学院的林肯实验室工作，从事计算机存储器材料的研究工作，并首次接触到电池——钠硫电池。20 世纪 70 年代，担心国际石油贸易会出现波动，他将目光投向可再生能源。1976 年，54 岁的古迪纳夫加入牛津大学，成为无机化学实验室负责人，将研究重心转向了电池，从此开始在电池制造领域大显身手。

就在他上任的那一年,以英国化学家斯坦利·惠廷汉姆为核心的埃克森石油公司电池技术实验室和因发明晶体管而名扬天下的贝尔实验室陆续在电池技术研究开发上取得重大突破,特别是埃克森公司取得了世界上第一个锂电池的发明专利。但是当时的正极材料硫化钛电化学性能极不稳定,在充电过程中非常容易起火爆炸,因此也不被资本方看好,双方的工作一度陷入困境。

但古迪纳夫凭借自己的研究敏锐地感觉到通过氧化物电极或许能解决锂电池爆炸的问题。于是顺着这个方向,古迪纳夫的研究团队进行了长达 4 年的研究,终于发现了一种名为钴酸锂的新层状材料。虽然仅修读过两门化学课,但凭借扎实的物理功底,古迪纳夫开始研究这种神奇的材料钴酸锂。1980 年,58 岁的古迪纳夫尝试用钴酸锂与石墨组成新的锂离子电池,从而解决了惠廷汉姆发明的以金属锂作为电极材料组装的锂电池存在的安全性问题,又降低了成本,实现了锂离子电池技术的革命性突破。1991 年,索尼公司利用古迪纳夫的技术推出第一款商用锂离子电池,高性能的新型锂离子电池就此问世。这种高性能、低成本、安全性好的锂离子电池一经问世立刻受到了欢迎,帮助索尼公司一跃成为行业老大。钴酸锂也使得古迪纳夫一跃成为炙手可热的化学家。古迪纳夫发现的钴酸锂被广泛应用于手机、电脑等便携电子设备,方便了人们的沟通交流,缩短了人与人之间的距离。

由于牛津大学要求古迪纳夫在 65 岁时退休,1986 年他回到了祖国,进入得克萨斯大学奥斯汀分校,就在大家以为 64 岁的古迪纳夫将在德州颐养天年时,他将目光转向了另一个材料。1997 年,75 岁的古迪纳夫提出了另一种基于锂金属磷酸盐的关键正极材料——磷酸铁锂,该材料晶体结构稳定、安全、便宜、使用寿命长且充电快,为现代电动汽车时代奠定了重要基础,为锂电池的商业化打破了技术障碍。《华尔街日报》发表评论指出"先有钴酸锂,后又有磷酸铁锂,古迪纳夫'锂电池之父'的称号当之无愧。"

古迪纳夫并没有因此停下研究的脚步,他认为"世界需要一个新型超级电池,或者说我们必须为环境问题和能源问题而做出改变"。2012 年,90 岁的古迪纳夫向液态电池的毒性污染发起挑战,开始研究全固态电池以提升电池的容量和安全性。2016 年,94 岁的古迪纳夫研制出全固态电池,提高了动力电池的安全性和稳定性。

二、"足够好"的古迪纳夫

2019 年,英国 BBC 电台的一位采访者向古迪纳夫提到了一个广为流传的观点,即他早就应该获得诺贝尔奖。他回答道:"是否获奖由颁奖者决定,最重要的是你对社会到底有什么贡献。"2018 年诺奖颁奖后,很多人为古迪纳夫鸣不平。记者问他是不是很遗憾,他幽默地说:"I'm good enough(我足够好)。" 2019 年古迪纳夫成为最年长的诺贝尔奖得主后,有人说他的研究已经足够好了,但是他却不这么认为。

生命不息，奋斗不止。古迪纳夫是科研圈的"工作狂"，生前追逐科学创新的脚步从未停下，他近百岁时仍然坚守在他所热爱的研究领域的最前沿。他的学生称，古迪纳夫精力充沛，工作日一般会在早上8点之前开始工作，周末则继续在家工作一天半。古迪纳夫几乎得到了一个科学家能得到的所有荣誉，但是他从来没觉得自己"足够好"，他表示自己"还要像乌龟一样，慢慢地走下去"。

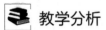 教学分析 ●···

一、课程思政要素挖掘

1. 坚持与执着

古迪纳夫在锂电池研究领域历经多年不懈努力，即使面临重重困难也从未放弃。这种坚持与执着的精神可以激励学生在面对学习和生活中的挑战时，坚定信念，勇往直前。

2. 创新精神

古迪纳夫的研究成果改变了世界，源于他的创新思维和勇于探索的精神。可以培养学生的创新意识和能力，鼓励他们敢于突破传统，开拓新的领域。

3. 社会责任感

古迪纳夫的发明为解决能源问题和环境保护做出了巨大贡献，体现了强烈的社会责任感。可以引导学生关注社会问题，积极为社会发展贡献自己的力量。

4. 终身学习

古迪纳夫在高龄仍活跃在科研一线，展现了其终身学习的态度。可以教育学生树立持续学习的观念，不断提升自己的知识和技能。

二、融入教育教学的方法

1. 案例教学法

在化学、材料科学等相关课程中引入古迪纳夫的事迹作为案例进行分析。通过讲解他的科研历程、创新成果和社会贡献引导学生思考坚持、创新、责任等问题。

2. 小组讨论法

组织学生围绕古迪纳夫的故事进行小组讨论。设置问题比如"从古迪纳夫身上我们学到了什么？""如何在学习中培养创新精神？"等，引导学生思考和交流，培养团队合作能力。

3. 实践教学法

结合课程内容组织学生进行实验、科研项目等实践活动。在实践中鼓励学生像古迪纳夫一样勇于尝试新方法，培养创新能力和实践能力。

4. 讲座与报告

邀请专家学者或古迪纳夫的研究团队成员举办讲座，介绍古迪纳夫的生平和贡献，让学生更深入地了解他的精神和成就。

5. 课外阅读与写作

推荐学生阅读有关古迪纳大的书籍、文章，要求学生撰写读后感或论文。通过阅读和写作加深学生对古迪纳夫的认识和理解，提高阅读理解和写作能力。

三、教育教学效果评估

1. 学生反馈

通过问卷调查、课堂讨论、课后作业等方式收集学生对课程中融入占迪纳夫思政要素的反馈意见。了解学生对古迪纳夫事迹的认识和感受以及对自身价值观和行为的影响。

2. 学习成果评估

考查学生在相关课程中的学习成绩、实验报告、科研项目等成果。分析学生在知识掌握、能力提升和价值观培养等方面的变化，评估课程思政的教学效果。

3. 行为观察

观察学生在日常生活和学习中的行为表现，看是否有坚持、创新、责任心等方面的改变，例如是否更积极地参与科研活动、是否勇于面对困难等。通过行为观察进一步评估课程思政对学生的实际影响。

📁 **参考文献** •

方正军，易兵. 化学化工类课程思政精选案例［M］. 北京：化学工业出版社，2021.

案例 18

黎巴嫩大爆炸事件及危险化学品 生产安全事故防范

一、黎巴嫩大爆炸事件震惊世界

2020 年 8 月 4 日下午 6 时左右，黎巴嫩首都贝鲁特港口区发生了触目惊心的重大爆炸事件，当天接连发生了两次爆炸，爆炸波及 240 公里外，起先是一股浓烟向天上弥漫，随后浓烟当中出现零星的爆炸火光，大约 5 秒后巨大的火龙冲天而起，夹杂着小型爆炸的冲击波在 1 秒内席卷了视线内可见的建筑物。外围的白色烟尘率先向外扩散，火红色的巨大蘑菇云紧随其后升上天际，威力堪比 1/5 的广岛原子弹爆炸。

美国地质调查局收集的数据显示，爆炸产生的地震波相当于 3.3 级，实际造成的危害更是大于 3.3 级。附近居民形容爆炸事故"就像一颗原子弹"。爆炸时空中腾起巨大的蘑菇云，强大的冲击力将港口大部分地区夷为平地。许多建筑物遭到破坏，房屋玻璃被震碎、一些公寓阳台被震垮，附近高速公路上的汽车被掀翻在地。此次爆炸造成至少 190 人死亡、6500 多人受伤、3 人失踪，导致多达 30 万人无家可归，占到黎巴嫩首都贝鲁特人口的 10%，直接经济损失超过 30 亿美元。不仅如此，黎巴嫩公共电力公司总部在爆炸中被完全摧毁，电网控制中心彻底失灵。爆炸还炸开了存储着小麦等粮食的粮仓，导致该国仅剩不足一个月的粮食储备。除了对民生、经济的影响，这些爆炸产生的有毒有害气体也对当地的环境造成了极其恶劣的影响。因爆炸而产生的红色烟雾属于氮氧化物空气污染物，对人体的呼吸系统有害，会引起头痛等中毒症状，还会形成酸雨对周边的生态环境产生影响。贝鲁特港口区一时宛如世界末日、人间炼狱！

2020 年 8 月 17 日，黎巴嫩司法部门宣布了贝鲁特爆炸案的初步调查结果：2014 年，一艘载有 2750 吨硝酸铵的轮船在开往非洲时因船只出现问题停靠贝鲁特港，船长等人员都先后被遣返，而租船人和货运公司也对这批货物失去兴趣，随后港口人员就把这批危险品卸在了贝鲁特港口 12 号仓库。根据黎巴嫩电台的新闻报道，官方压住这批危险物品是要用来等待时机拍卖换钱的。但如此危险的硝酸铵在存放仓库后却没有采取任何预防性措施，以至于六年后发生了这起惨剧。爆炸事件的原因是 12 号仓库管理存在严重疏忽，除了发生爆炸的硝酸铵，仓库内竟然还存放了大量的烟花和爆竹。黎巴嫩国际广播集团援引的一份安全调查报告显示："上周在对仓库进行检查时发现港口仓库硬件老化急需维护，尤其是库门要加紧维修。于是港口开始在保管有炸药的仓库进行电焊库门施工作业，工作人员在焊接过程中产生的火花引燃了仓库中储存的炸药，这是第一次小爆炸。然后不久就进一步引起另一间库房里存放的硝酸铵大爆炸，也就是我们看到的巨大蘑菇云爆炸。"

可见，这场灾难表面起因很可能是由化学品仓库中的违规操作行为引发的。然而，无论硝酸铵具有如何猛烈的化学性质，这都不是灾难的根源，是疏忽大意的人造成了灾难。这不是第一次在世界范围内危险化学品爆炸导致的悲剧，也绝不会是最后一次。

二、危险化学品生产安全事故防范

硝酸铵（NH_4NO_3）是一种无色无味的透明结晶，易溶于水，易吸湿结块，溶解时吸收大量热，受猛烈撞击或受热爆炸性分解。硝酸铵是世界上使用最广泛的化肥添加成分之一，能够显著提升肥料的含氮量，在农业中主要用作高氮肥料，尤其是用于旱地作物中的水果、瓜菜、烟草等。第二次世界大战时期，硝酸铵成为制作炸药的必备材料。硝酸铵在常温下是稳定的，对打击、碰撞或摩擦均不敏感，但在高温、高压、电火花及还原剂存在条件下会发生爆炸。硝酸铵储存注意事项：储存于阴凉、通风的库房，远离火种、热源，应与易（可）燃物、还原剂、酸类、活性金属粉末分开存放，切忌混储。储区应备有合适的材料收容泄漏物，禁止震动、撞击和摩擦。正常储存条件下硝酸铵并不会自行燃烧。但如果硝酸铵储存时间过长且通风不佳，那么其自身会发生反应产生热量，进而导致温度升高并燃烧。硝酸铵在自行剧烈分解过程中会产生氮氧化物和水蒸气，这些气体在急剧释放的情况下很有可能会导致爆炸。同时，如果硝酸铵的附近有其他爆炸产生，产生的高温和火灾同样可以促使硝酸铵迅速分解。比如，2015 年 8 月 12 日我国天津滨海新区港特大爆炸事故中，该场地就储存了大量硝酸铵，最终相邻集装箱内的至少 128 种硝化棉和其他危险化学品的长时间大面积燃烧大火引发了其分解和爆炸。

提到化学品，普通人并不熟悉，或许还有一些恐惧。实际上，在现代社会中，化学品广泛应用于人类社会的方方面面，须臾不可离开。因此，如何安全、可靠、有效地保管化学品是关键所在。化学品的生产、物流、应用既为我们的物质生活带来巨大便利，又带来了重大风险和隐患。我们既要严格遵守国家关于危险化学品生产、物流、应用的规定，也要普及科学知识，提高全体人员对于化学品的科学认知，防患于未然，这才是保障安全的根本所在，防范危险化学品重特大生产安全事故容不得半点侥幸。

此次黎巴嫩发生的化学品爆炸惨案给全世界敲响了警钟。2020 年 8 月 5 日，我国国务院安全生产委员会办公室、应急管理部召开紧急会议强调要深刻吸取黎巴嫩贝鲁特重大爆炸事件教训，部署开展全国危化品储存安全专项检查整治；应急管理部前期已组织多个督导检查组赴危化品各重点地区明察暗访，对 7600 余家危化品企业、2.2 万余处重大危险源开展了专项检查督导。

 教学分析 •••

一、课程思政要素挖掘

1. 责任与担当

（1）政府管理责任：黎巴嫩大爆炸事件反映出政府在港口管理、安全监管等方面存在严重的失职。2750 吨的硝酸铵在港口仓库中被违规存放长达六年之久却没有得到妥善的处理。这警示学生无论是在公共管理领域还是在其他工作岗位上都要对自己的职责有清晰的认识，认真履行责任，不能玩忽职守。更要明白权力与责任的对等关系，树立正确的权力观和责任观。

（2）个体责任意识：在事件发生后，黎巴嫩人民对真相的不懈追求，体现了民众的责任意识。这种对国家、对社会的责任感是推动社会进步的重要力量。教育学生在面对问题时要有勇气去追问真相，不逃避、不推诿，积极承担起自己作为公民的责任。

2. 安全意识与风险防范

（1）安全生产的重要性：爆炸事件造成了巨大的人员伤亡和财产损失，凸显了安全生产的极端重要性。在各个行业中，安全都是生命线，稍有疏忽就可能引发不可挽回的后果。这一事件可以让学生认识到无论是在工业生产、工程建设还是日常生活中都必须时刻保持高度的安全意识，严格遵守安全规章制度，加强风险防范和隐患排查。

（2）危机应对与风险管理：爆炸发生后，黎巴嫩的应急救援体系面临巨大挑战，救援工作的开展并不顺利。这提醒学生要具备危机应对和风险管理的能力，学会在突发情况下保持冷静，制定科学合理的应对策略，最大限度地减少损失。对于相关专业的学生，比如公共安全管理、应急管理等专业，更要深入思考如何完善应急管理体系，提高危机应对能力。

3. 国际合作与互助

（1）国际援助的意义：事件发生后，国际社会纷纷向黎巴嫩提供援助，包括医疗物资、救援队伍、资金支持等。这体现了国际社会的人道主义精神和国际合作的重要性。教育学生要具有全球视野和人类命运共同体意识，在面对全球性的挑战和灾难时，各国应该相互支持、相互帮助，共同应对。

（2）外交关系的影响：黎巴嫩大爆炸事件也引发了国际社会对黎巴嫩外交关系的关注。一些国家在援助的同时也对黎巴嫩的政治局势和地区安全提出了关切。这让学生了解到外交关系在国际事务中的重要作用，以及一个国家的稳定和发展与国际环境的紧密联系。

4. 科学精神与理性思维

（1）科学调查与真相追求：对于大爆炸事件的真相调查是一个复杂的过程，需要运用科学的方法和技术进行分析和论证。在事件发生后的初期，各种猜测和谣言四起，但最终的真相需要通过严谨的科学调查来揭示。培养学生的科学精神，让他们学会用科学的思维方式去看待问题、分析问题，不轻易相信未经证实的信息，追求真理和真相。

（2）反思与改进：爆炸事件不仅仅是一次偶然的事故，更是对黎巴嫩社会、政治、经济等各个方面的一次深刻反思。引导学生从事件中吸取教训，思考如何避免类似的悲剧再次发生，如何通过不断地改进和完善制度、管理等方面提高社会的整体运行效率和安全性。

二、融入教育教学的方法

1. 课堂讲授

（1）案例分析：在相关课程中将黎巴嫩大爆炸事件作为典型案例进行深入分析。例如，在公共管理课程中，探讨政府在安全监管方面的责任缺失；在安全工程课程中分析爆炸事故的原因和防范措施；在国际关系课程中研究国际社会的反应和国际合作的意义等。通过案例分析让学生更加直观地理解课程思政要素与专业知识的结合。

（2）专题讨论：组织学生针对黎巴嫩大爆炸事件的相关问题进行专题讨论，比如"政府应如何加强安全管理""国际社会在灾难救援中的作用""个人在社会中的责任与担当"等。鼓励学生发表自己的观点和看法，引导他们进行深入思考，培养学生的批判性思维和团队合作能力。

2. 实践教学

（1）实地调研：如果条件允许，可以组织学生到相关的企业、港口、应急管理部门等进行实地调研，了解安全管理、风险防范、应急救援等方面的实际情况。让学生将课堂上学到的理论知识与实际工作相结合，增强他们的实践能力和对课程思政要素的理解。

（2）模拟演练：开展模拟应急演练活动，比如火灾、爆炸等突发事件的应急处理。让学生在模拟场景中亲身体验危机应对和风险管理的过程，提高他们的应急反应能力和团队协作能力。同时，在演练结束后引导学生进行总结和反思，进一步加深对课程思政要素的认识。

3. 多媒体教学

（1）视频展示：播放与黎巴嫩大爆炸事件相关的新闻报道、纪录片、专题片等视频资料，让学生更加直观地感受事件的严重性和影响。通过视频展示引起学生的情感共鸣，增强他们对课程思政要素的理解和认同。

（2）网络教学平台：利用网络教学平台发布与黎巴嫩大爆炸事件相关的学习资料、案例分析、讨论话题等，让学生在课外进行自主学习和交流。教师可以在网络平台上对学生的学习情况进行跟踪和指导，及时解答学生的疑问，提高教学效果。

三、教育教学效果评估

1. 学生反馈

（1）问卷调查：定期开展问卷调查，了解学生对课程思政教学的满意度和意见建议。问卷内容可以包括学生对黎巴嫩大爆炸事件的认识和理解、对课程思政要素的接受程度、对教学方法的评价等方面。通过问卷调查及时发现教学中存在的问题，以便进行改进和完善。

（2）课堂讨论参与度：观察学生在课堂讨论中的参与度和表现，判断他们对课程思政要素的理解和思考程度。如果学生能够积极参与讨论，发表有深度的观点和看法，说明他们对课程思政教学内容有较好的理解和掌握。

2. 学习成果评估

（1）考试成绩：在课程考试中设置与黎巴嫩大爆炸事件相关的试题，考查学生对课程思政要素和专业知识的掌握程度。通过考试成绩的分析评估学生的学习效果和教学质量。

（2）作业和论文：布置与黎巴嫩大爆炸事件相关的作业和论文，要求学生结合专业知识和课程思政要素进行分析和论述。通过对作业和论文的批改了解学生的学习成果和思维能力的提升情况。

3. 实践表现评估

（1）实践活动表现：评估学生在实地调研、模拟演练等实践活动中的表现，包括他们的实践能力、团队协作能力、问题解决能力等方面。如果学生能够在实践活动中积极参与、认真完成任务，说明他们对课程思政要素的理解和应用能力得到了提高。

（2）社会责任感体现：关注学生在日常生活和学习中的行为表现，看他们是否能够将课程思政要素转化为实际行动，是否具有更强的社会责任感和担当精神，例如，学生是否积极参与社会公益活动、是否关心他人、是否遵守法律法规等。通过对学生社会责任感的观察，评估课程思政教学的长期效果。

📁 **参考文献** ●┄┄┄┄┄┄┄┄┄┄┄┄┄┄┄┄┄┄┄┄┄┄┄┄┄┄┄┄┄┄┄┄┄┄┄┄┄┄┄

方正军，易兵. 化学化工类课程思政精选案例［M］. 北京：化学工业出版社，2021.

案例 19

米基利的两项 20 世纪最糟糕
的发明

托马斯·米基利（Thomas Midgley，1889 年 5 月 18 日—1944 年 11 月 2 日），美国机械工程师和化学家，因发明和应用四乙基铅和氟利昂而闻名于世、名利双收、饱受赞誉。虽然米基利在世时受到了很多赞扬，甚至被称为"发明鬼才"，一生曾持有一百多项技术发明，他发明的产品也因为实用性而被广泛使用，但随着时间的推移，人们逐渐重视这两种物质对环境的巨大破坏作用并逐渐停止或限制其使用。因此，米基利本人被称为"地球历史上对大气影响最大的个体"和"历史上杀人最多的个体"。世界上大部分发明家都是流芳百世、受后人敬仰，但也有一小部分发明家由于其发明物对人体和环境的危害性等原因而背负骂名，其中最具代表性的发明家就是托马斯·米基利。

一、最糟糕的四乙基铅发明

20 世纪初美国的汽车制造业迅猛发展，在汽车大王亨利·福特（Henry Ford，1863—1947 年）"我要制造一辆适合大众的汽车，价格低廉，所有人都买得起"造车理念的推动下，汽车走进了美国普通人的家庭，汽车普及率在美国迅速提升。汽油需求量在这样的背景下大增，世界各大汽车厂商想方设法改善汽油性能，解决发动机的爆震问题。

米基利出生在美国宾夕法尼亚州比弗福尔斯，父亲也是一个发明家。1911 年，米基利从康奈尔大学机械工程专业毕业，1916 年进入美国通用汽车公司旗下的戴顿实验室，在查尔斯·凯特灵（Charles Kettering）手下工作。由于要研究新的汽油抗爆震添加剂，因此米基利自学了短短几年化学并成为一名化学家。1921 年 12 月，米基利在众多物质中找到了一个优良的汽油抗爆剂——四乙基铅（$C_8H_{20}Pb$）。四乙基铅在汽缸的温度下可以分解成氧化铅，而氧化铅可以将烃类的过氧化物分解为醛等有机含氧化合物，从而阻止爆震的产生。100 年前人们就已经知道铅和铅化合物都是有毒物质，因此米基利在发明四乙基铅后刻意隐瞒铅的存在，仅将其称作"乙基（ethyl）"，以免引起当时人们的惶恐。四乙基铅通常由氯乙烷与钠铅合金反应制取，具有合成容易、性能优良、价格便宜的特点，而且车用汽油中只要加入千分之一的四乙基铅，汽油辛烷值就会显著增加13～17，从而大大提高汽油的抗爆震性能。含铅汽油一度被认为是比乙醇和乙醇混合汽油燃料性能更好且更为便宜的燃料，具有更高的性价比，因此受到了石油公司和汽车公司的喜爱和热烈追捧，特别是当时拥有此项专利的通用汽车公司。米基利因为这项发明获得了金钱和地位，1922年12月还被美国化学会授予尼克斯奖章。

但是四乙基铅有剧毒，其毒性是纯铅的100倍。四乙基铅通过皮肤接触或者吸入即可进入人体，然后部分会转变为三乙基铅，可穿透血脑屏障伤害中枢神经系统，并且常用治疗铅中毒的金属螯合剂（例如依地酸钙钠）对四乙基铅中毒无效。随着含铅汽油的推广，四乙基铅在汽油燃烧时产生的铅严重污染了大气，使得世界各地患铅中毒的人急剧增多，人们对含铅汽油的质疑也逐渐加深。米基利本人在与有机铅化合物接触一年以后也不得不给自己放长假，以缓解含铅粉尘对肺的压力。

1923年4月，通用汽车开设了一个下属化学公司，聘用凯特灵为总裁、米基利为副总裁，专门负责监督当时负责生产四乙基铅的杜邦公司。杜邦公司在生产四乙基铅期间有两名工人因铅中毒而死亡，数人患病，其他生产工人因此对四乙基铅怨声连连，要求停止生产这种产品。尽管如此，通用汽车对杜邦公司的生产效率仍不满意。

1924年，美国三家最大的公司通用汽车公司、杜邦公司和新泽西标准石油公司在新泽西州共同创办了一家合资企业乙基汽油公司，摒弃了杜邦公司生产四乙基铅时用的"溴化物法"，改用需要高温且更为危险的"氯乙烷法"来专门生产汽油抗爆震添加剂四乙基铅。乙基汽油公司于1924年2月1日以"乙基"名字将四乙基铅推向市场，并声称世界愿意买多少就生产多少。然而，该工厂在生产含铅汽油初期，仅两个月就有至少15名工人因铅中毒而相继死亡，数不清的人得病，而且常常是大病。确切的伤亡数据自然无法知道，因为乙基汽油公司几乎总是能遮掩过去，从不透露相关的泄漏、溢出和中毒信息。在1924年的几天时间里，光在一个通风不良的场所就有5名生产工人死亡、35名工人终身残疾。因此公众对四乙基铅的安全性产生了极大的怀疑。

但在巨大的经济利益面前，乙基汽油公司拒绝承认错误，为了混淆视听，于1924年10月30日召开了新闻发布会，试图向社会说明该公司产品四乙基铅使用的安全性。在新闻发布会上，米基利为了增加可信度，他以自己为实验对象，先将四乙基铅洒在手上，然后又打开一瓶四乙基铅，将其放在自己鼻孔下足足闻了60秒。试验完后的米基利似乎安然无恙，于是他向媒体说，他就是每天都暴露在这样的环境下，也从来没有发生过任何问题，因此四乙基铅是安全的。舆论暂时平息了，可讽刺的是，发布会几天后，该工厂就被所在的新泽西州州政府强制关闭。事后米基利也用了将近一年的时间才从这60秒的疯狂作秀中恢复过来。

虽然铅中毒事件在 20 世纪屡屡发生，但是都因为缺乏确切证据而被生产含铅添加剂的黑心汽油生产商遮盖过去了，直到一名叫克莱尔·卡梅伦·帕特森的年轻化学家提供了确切的证据，才结束了"一场与石油大亨旷日持久的斗争"。帕特森发现，当时人体内的铅含量是古人的一千倍，按照这个速度下去，人类也要和罗马帝国一样难逃灭亡的命运。20 世纪 80 年代末期，含铅汽油被世界各国禁止使用。

二、终遭历史唾弃

1931 年，米基利合成新型制冷剂二氟二氯甲烷（CCl_2F_2），杜邦公司将其命名为氟利昂（freon）。为了证明氟利昂不易爆炸，米基利又一次故技重施：他深吸了一口氟利昂，对准一支燃烧的蜡烛狠狠地吹去，蜡烛被吹灭了。此后氟利昂成为全世界最为畅销的制冷剂。直到 20 世纪 70 年代人们才发现，含氯（溴）自由基的物质及氮氧化物正在快速地吞噬大气层中的臭氧，而氟利昂正是这些物质的主要来源。大气平流层中的氟利昂在阳光紫外线的照射下自行分解，氟利昂分子会分解出自由基氯原子；氯原子与臭氧反应生成氧分子和一氧化氯自由基；一氧化氯自由基不稳定，又与臭氧反应生成氧气和氯自由基。这些反应周而复始地在大气层中发生，一个氟利昂分子能分解多达 10 万个臭氧分子。因此，氟利昂对地球生命保护伞臭氧层的破坏力极其强大。

1940 年，20 世纪最糟糕的两项发明氟利昂和四乙基铅的发明者米基利患上了脊髓灰质炎，也就是常说的小儿麻痹症。为了帮助自己在床上翻身，他设计了一套绳索滑轮系统。1941 年，美国化学会授予米基利普利斯特里奖，并于次年授予他吉布斯奖。1944 年他成为美国化学会主席。然而造化弄人，同年米基利被这套自己最后发明的一项装置中的绳索缠住了脖子，窒息而亡了。

作为化学家的米基利懂得铅对人体和环境的有害性，还以其为原料发明并生产汽油抗爆震添加剂四乙基铅，这就摆脱不了唯利是图的嫌疑了。他用"乙基"刻意隐瞒四乙基铅含铅的真相以及他在新闻发布会上的作秀更加证明他以金钱为目的，完全忽视了社会公共利益的道德水准。据此而言，米基利不仅可悲，而且更加可恶。如果说米基利发明氟利昂受当时科研条件的限制而无法证明其有害，还可能得到人们的谅解，而事实是四乙基铅这项给米基利生前带来荣誉和财富的发明将其永远地钉在了历史的耻辱柱上，受到后世的永久唾弃。

科学家首先应是有道德的人。一个突破了道德底线的科学家所造成的危害是一个普通人的数倍。因此化学家必须严守道德底线，绝不能做主动打开潘多拉魔盒的人。

一、课程思政要素挖掘

1. 科学技术的两面性

米基利发明的四乙基铅和氟利昂曾被认为是伟大的发明，但后来却被证实对环境和人类健康造成了极大的危害。这一事件深刻地揭示了科学技术的两面性。在教育教学中可以引导学生思考科学技术的发展应该如何在创新与风险之间找到平衡，培养学生的批判性思维和社会责任感。例如，在课堂上组织学生讨论米基利的发明带来的好处和危害，让学生认识到科学技术的应用需要谨慎评估其潜在影响。

2. 创新与责任

米基利的发明体现了创新的力量，但他在推广这些发明时没有充分考虑到其潜在的风险。这提醒我们，创新不仅仅是追求技术上的突破，还需要承担相应的社会责任。在教学中可以引导学生思考作为未来的科学家、工程师或创新者，应该如何在创新的同时关注社会和环境的可持续发展。比如，通过讲述米基利的故事让学生明白创新应该以人类的福祉为出发点，不能为了短期利益而忽视长期影响。

3. 反思与纠错

当米基利的发明被发现存在严重问题后，社会开始反思并采取措施纠正错误。这一过程体现了人类的自我纠错能力和对环境保护的重视。在教育教学中可以引导学生思考如何从错误中吸取教训，不断改进和完善科学技术以及如何积极参与到环境保护和可持续发展的行动中。例如，组织学生研究氟利昂被禁用后的替代技术，让学生了解人类在面对环境问题时的积极应对措施。

4. 科学精神与职业道德

米基利的案例也引发了对科学精神和职业道德的思考。科学家和工程师应该秉持客观、真实、负责的态度进行研究和创新，不能为了个人利益或商业目的而隐瞒或歪曲事实。在教学中可以通过这个案例强调科学精神和职业道德的重要性，培养学生的诚信意识和职业素养。比如，让学生讨论在科学研究中应该如何遵守职业道德规范以及如何确保科学技术的发展符合人类的利益。

二、融入教育教学的方法

1. 课堂教学

在相关课程中，比如化学、环境科学、工程伦理等，引入米基利的故事作为案例进行分析和讨论。通过讲解米基利的发明过程、影响以及后续的反思，引导学生深入思考课程中的相关主题。例如：在化学课上讲解有机化合物时可以介绍四乙基铅的化学性质和危害；在环境科学课上讨论氟利昂对臭氧层的破坏；在工程伦理课上分析米基利的行为所涉及的职业道德问题。

2. 项目式学习

设计与米基利的发明相关的项目式学习活动，让学生通过自主探究和合作学习，深入了解科学技术的两面性以及可持续发展的重要性。例如：让学生分组研究一种曾经被广泛使用但后来被发现存在问题的技术，分析其影响并提出改进或替代方案。在项目实施过程中，教师可以引导学生运用多学科知识和方法，培养学生的综合能力和创新思维。

3. 实地考察与调研

组织学生进行实地考察或调研，了解米基利的发明对当地环境或产业的影响。例如：参观汽车尾气检测站，了解四乙基铅对空气质量的影响；或者调查当地的制冷设备，了解氟利昂替代技术的应用情况。通过实地考察和调研让学生亲身感受科学技术与社会环境的相互关系，增强他们的环保意识和社会责任感。

4. 多媒体教学

利用多媒体资源，比如纪录片、电影、图片等，展示米基利的发明及其影响，通过生动的影像资料激发学生的学习兴趣，加深他们对课程内容的理解。例如：播放关于氟利昂对臭氧层破坏的纪录片，让学生直观地了解科学技术对环境的影响；或者展示米基利发明四乙基铅的历史照片，让学生了解当时的社会背景和技术发展状况。

三、教育教学效果评估

1. 学生反馈

通过问卷调查、课堂讨论、小组汇报等方式，收集学生对课程内容和教学方法的反馈意见。了解学生对米基利故事的理解和感受以及他们在学习过程中的收获和困惑。例如：在课程结束后发放问卷，调查学生对科学技术两面性的认识是否有所提高；或者在课堂讨论中听取学生对创新与责任的看法。

2. 学习成果展示

要求学生以论文、报告、海报等形式展示他们在学习过程中的成果，评估学生对课程内容的掌握程度和综合运用知识的能力。例如，让学生撰写关于米基利的发明对环境影响的论文，或者制作关于可持续发展技术的海报进行展示。

3. 行为变化观察

观察学生在日常生活中的行为变化，看他们是否更加关注环境保护和可持续发展。例如，观察学生是否减少使用一次性塑料制品、是否积极参与环保活动等。通过观察行为变化评估课程对学生的价值观和行为习惯的影响。

4. 考试与测验

在课程考试或测验中设置与米基利的发明相关的题目，考查学生对课程知识的掌握程度和对思政要素的理解。例如，在化学考试中设置关于四乙基铅化学性质的题目，或者在环境科学考试中设置关于氟利昂替代技术的论述题。

📁 **参考文献** ●--

[1] 姜涛，葛春华. 化学课程思政元素 [M]. 北京：高等教育出版社，2021.

[2] 方正军，易兵. 化学化工类课程思政精选案例 [M]. 北京：化学工业出版社，2021.